KB111041

마주이야기 교육

들어주자 들어주자

들어주자 들어주자

초판 제1쇄 발행 1998. 1. 26.
초판 제20쇄 발행 2014. 3. 18.

지은이   박 문 희
펴낸이   김 경 희
펴낸곳   (주)지식산업사
        본사 ● 413-832, 경기도 파주시 광인사길 53(문발동)
             전화 (031) 955-4226~7 팩스 (031)955-4228
        서울사무소 ● 110-040, 서울시 종로구 자하문로6길 18-7(통의동)
             전화 (02)734-1978 팩스 (02)720-7900
        한글문패 지식산업사
        영문문패 www.jisik.co.kr
        전자우편 jsp@jisik.co.kr
        등록번호 1-363
        등록날짜 1969. 5. 8.

ISBN 978-89-423-3031-2 03370

이 책을 읽고 저자에게 문의하고자 하는 이는
지식산업사 전자우편으로 연락 바랍니다.

들어가는 말

마주이야기 교육이란
무엇인가

마주이야기 교육이란 무엇인가

나는 지난 5년 동안 가르치려 들지 않고 들어주는 것을 으뜸으로 하는 교육을 해왔습니다. 나는 이 교육을 '마주이야기 교육'이라 부릅니다.

마주이야기 교육은 말을 시키지 않아도, 묻지 않아도 하고 싶어 견딜 수 없어서 터져 나오는 말을 열심히 들어주고 감동하는 교육입니다. 아이들이야말로 쓸데없는 말은 단 한 마디도 하지 않습니다. 어른들이 쓸데없는 말이라고 몰아부치고, 부담스러워하고, 듣기 싫어하는 말일수록 아이 자리에서 보면 하지 않으면 안 되는, 꼭 해야 되는 절실한 말입니다.

그런데, 지금까지 우리 교육은

"선생님 말씀 잘 듣고 와."

"여기 봐요. 여기 봐요오."

"어머니 아버지 말씀 잘 듣고……."

하면서 선생님이나 부모님들은 열심히 가르치고 아이들은 열심히 듣기만을 강요하는 교육을 해 왔습니다.

가르치려 드는 교육에서는 가르치는 사람이 어느 틈에 저만치 앞서가서 빨리 따라오라고 하는데, 배우는 사람은 언제나 숨차게 쫓아가다가 지치고 맙니다. 그리고 가르치려 드는 사람들이 줄줄이 기다리고 있기에 배우는 사람은 언제나 못하는 수준에 머물러 있을 수밖에 없습니다. 이러한 교육은 배우는 아이들에게는 맞지가 않아 재미가 없습니다. 그래서 아이들은 답답합니다. 이렇게 답답하게 해놓고 가르치는 사람들은 이 아이 저 아이 견주면서 못한다고 주눅들이는 일을 예사로 합니다. 그러므로 이런 교육은 억지입니다. 그래서 모든 것이 겉돕니다. 재미와 깊은 감동이 없습니다.

가르치는 교육은, 아이들 쪽에서 보면, '어떻게 하면 주눅들이고 시들게 할까? 귀찮게 하여 지쳐 쓰러져 포기하도록 몰아갈까?' 하는 것쯤으로 보일런지 모릅니다. 강요하는 공부 때문에 여기저기서 실제로 죽어가는 아이들을 우리는 보고 듣고 있지 않습니까? 공부를 못해서 죽는 것이 아니라 쫓기고 좇아가다 지쳐 쓰러졌을 때, 그 어디도 다 막혀 있어서 갈 곳이 없으니까 죽는 길을 택하는 게 아닙니까. 공부, 교육이 아이를 죽인 것입니다.

잘못된 교육의 소용돌이가 얼마나 세찬지, 모든 사람들이 '교육, 이대로 좋은가?' 하면서 소리높여 떠들지만, 어느새 그 속으로 빨려들어가 허우적거리고 있습니다. 문제가 터질 때마다 '자녀와 어쩌고 저쩌고' '…무엇무엇을 이렇게 저렇게 해야' '…를 해야' 하면서 전문가들이 앞다퉈 떠들면, 뭔가 보이는 듯하다가도 아이들 쪽에서 보면 달라진 게 아무것도 없습니다.

"살려 줘요. 살려 주세요." 하고 애원해도 다 그렇게 살아가고 있다고 합니다. 그러니까 이런 속에서 살아남으려면 공부밖에 뭐 할게 있냐고 하면서 더 닦달을 합니다. 오늘도 아이들은 살아 남으려고 몸부림을 치다 죽어가고 있습니다.

아이들을 죽음으로 몰아가는 교육은 죽은 교육입니다. 살아 있어도 죽지 못해 살아가는 아이들이 거리를 헤매고 있습니다. 이제 우리는 아이들을 살려내야 합니다. 교육을 살려내야 합니다.

들어주는 것을 으뜸으로 하는 교육은
하고 싶은 말을 마음껏 하게 하는 교육입니다

우리가 아이들의 말을 귀담아 들어주면, 아이들은 마음속에 있는 하고 싶은 말을 마음껏 할 수 있어 시원해 합니다. 지금까지 쓸데없는 말이라고 듣기 싫어하며 몰아붙이던 일르는 말, 자랑하는 말, 억울하고 분하고 답답하고 외롭고 무섭고……. 이런 말을 마음껏 할 수 있기에, 들어주지 않아 답답해서 시들고 죽어가던 아이들이 되살아납니다.

아이들이 하고 싶은 말을 마음껏 하고 지내게 해야 합니다. 가르치는 교육에서 아이들이 하고 싶은 말은 쓸데 없는 말이라고 몰아부치고 어른들이 하고 싶은 말을 써서 아이가 하고 싶은 말처럼 하라하라 하니 이게 교육입니까? 시작부터 거짓말 교육이지요. 하고 싶은 말을 마음껏 하고 살아야 아이들이 살아나고 말이 살아납니다.

듣고 싶은 말을 마음껏 들으면 말하기 - 듣기가 하나로 이어집니다

아이들 입에서 터져 나온 말은 그 또래들이 가장 듣고 싶어 하는 말입니다. 말을 시키지 않아도, 묻지 않아도 하고 싶어 견딜 수 없어 터져 나오는 또래들의 말을 마음껏 듣고 자라야 아이들이 살아납니다.

지금까지는 가르치는 것을 억지로 들어야 했고, 어른들이 하고 싶은 말을 푸념처럼 써놓은 거짓 글말을 아이들이 달달 외워서 하는 것을 듣고 또 들어야 했습니다. 그래서 하고 싶은 말을 들어주지 않아 답답한 아이들이 듣고 싶지 않은 말을 듣고, 또 듣고, 말 같지도 않은 글말을 듣고 또 듣노라 답답하기만 했습니다.

하고 싶은 말을 마음껏 하게 하고, 듣고 싶은 말을 마음껏 듣게 하면 아이들이 살아나고, 말도 살아나고, 말하기-듣기가 따로따로가 아니고 하나로 이어집니다.

하고 싶은 말을 말하듯이 글로 살릴 수 있습니다

하고 싶은 말을 마음껏 하고 듣고 싶은 말을 마음껏 들어야 말하듯이 글을 쓸 수 있습니다. 지금까지 하고 싶은 살아 있는 말을 못하고, 듣고 싶은 살아 있는 말을 못 듣고 자랐으니, 어떻게 하고 싶은 살아 있는 말을 글로 쓸 수 있겠습니까. 글말을 쓰거나 죽은 글을 쓸 수밖에 별도리가 없지요.

아이들이 하고 싶은 말을 마음껏 하고 듣고 싶은 말을 마음껏 들어야, 하고 싶은, 살아 있는 말을 말하듯이 마음껏 쓸 수 있습니다. 그래야 아이들이 살아나고 글이 살아납니다.

말하듯이 쓴 글은 쓰기 - 읽기가 하나로 이어집니다

또래들이 하고 싶은 말을 마음껏 하고, 듣고 싶은 말을 마음껏 듣고, 하고 싶은 말을 마음껏 쓴 것은 아이들이 마음껏 읽고 싶은 살아 있는 글입니다. 지금까지 아이들은 말하듯이 읽을 수 있도록 쓴 책이 없었기에 글말로 쓴 것을 읽어 왔습니다. 외우지 않고 말하듯이 말을 해야 말하듯이 글을 쓰고, 말하듯이 글을 읽게 됩니다.

이렇게 말하기 · 듣기 · 쓰기 · 읽기가 따로따로가 아니고 서로 이어져야 말이 살아나고 글이 살아납니다. 생활도 공부도 교육도 다 살아납니다. 아이들이 숨을 쉬고 싱싱하게 살아납니다.

교육의 결과가 금방금방 나타납니다

아이 말을 열심히 감동까지 하면서 들어주면 그 좋은 기분이 금방 나타나지, 아껴뒀다가 이 다음에 나타나지도 않겠거니와, 들어주지 않아 외롭고 겉도는 기분도 금방 나타나지, 이 다음에 나타나는 것도 아니지 않습니까.

들어주고 감동하면 그 좋은 기분이 쌓이고 쌓여서 아이들은 쌓인 만큼 싱싱하고 자신있게 자라납니다. 들어주고 또 들어주고 알아주고 감동하면, 잘 자라주었으면 하는 바램보다도 아이들은 더 잘 자랄 것입니다.

아이들을 중심자리에서 자라게 할 수 있습니다

지금까지 우리는 '아동중심 교육, 아동중심 교육' 하면서 아이들을 위한 그 좋은 말을 누구나 쉽게 했습니다. 그리고 다른 나라에서 어느 누가 만들어 낸 새로운 교육 방법이 나왔다 하면, 우르르 몰려들어 겉핥기식으로 받아들여 겉치장하느라 온갖 정성을 쏟았습니다.

또 거기에 따른 교재·교구 만드느라, 없어진 것 찾아 놓느라 정리하고 닦고 쓰다듬고 하면서 온 힘을 아낌없이 쓰면서 아동중심 교육을 한다고 알아 왔습니다. 가르치는 교사 중심 교육이 이제 교재·교구 중심 교육이 되고 말았습니다. 이런 교육에 빠져 있는 동안 우리의 아이들은 뒷자리나 가장자리로 교육 바깥으로 내몰렸습니다.

교재·교구의 노예가 된 교사들은 "일르는 사람은 더 나빠요" 하면서 들어주는 교육은 아예 할 생각도 못합니다. 안 될 일입니다. 결코 안 될 일입니다. 말을 시키지 않아도, 묻지 않아도, 하고 싶어 견딜 수 없어서 터져나온 말은 아이의 모든 것입니다.

아이 말을 들어주는 교육은 말이 글 앞자리에 있어야 하듯이, 가르치는 교육보다 앞자리에 있어야 하고, 교재·교구보다도 더 앞자리에 있어야 합니다. 아이들을 중심자리에서 자라게 하려면 들어주는 교육이 가장 앞자리에 있어야 한다는 말입니다. 아이들을, '가르치는 교육의 뒷자리나 교재·교구 중심 교육의 가장자리로 몰아내, 돈내고, 매맞고, 주눅들고, 구경꾼 자리나 메꾸게 하지 말자'는 얘기입니다.

우리 모두가 깊은 감동 속에서 삶을 가꿀 수 있습니다

아이들 입에서 터져 나온 살아 있는 말 속에는 지금까지 그 어디에서도 들어보지 못한 감동이 가득 담겨 있습니다.

언제나 언니 옷을 물려 입는 현지가 언니옷을 사러 갈 때 따라가 옷을 고릅니다. 언니가

"현지야, 너 니 옷 사는 것도 아닌데 왜 설쳐 애"

하니까

"……언니, 언니가 입다 작아지면 내가 입을 꺼니까 내 맘에도 들어야 돼"

합니다. 흔히 아이들을 위해서 동시·동화를 쓴다는 작가들은

"동화 한 편을 쓰는 것은 뼈를 깎고 피를 말리는 일이다"

고 합니다.

그럼 현지가 한 그 감동스런 말은 뼈를 깎고 피를 말리면서 한 말일까요? 가르쳐서 한 말일까요. 아닙니다. 아닙니다. 말을 시키지 않아도, 묻지 않아도 하고 싶어 견딜 수 없어 터져 나온 말입니다.

나는 현지를 만날 때마다

"언니가 입다 작아지면 내가 입을 꺼니까 내 맘에도 들어야 돼. 그랬어?"

하고 감동한 만큼 말을 하고 또 하고 합니다.

　이렇게 아이 말을 열심히 들어주고 감동하는 마주이야기 교
육은 아이를 중심자리에서 자라게 하는 교육이고 말을 살리고,
글을 살리고, 교육을 살리고, 아이를 살리고, 우리 모두를 살리
는 교육입니다.

　나는 지난 5년 동안 푹 빠져 해온 '들어주는 것을 으뜸으로
한 마주이야기 교육'으로 받은 감동을 내 평생 동무들인 여섯
일곱살 또래들과 그들의 어머니 아버지 그리고 선생님들과 함
께 나누려고 합니다.

차 례

● 들어가는 말

1. 왜 마주이야기 교육을 할까요

2. 아이 말을 중심으로 쓰는 마주이야기 공책쓰기

1 왜 마주이야기 교육을 할까요

- 말벙어리들, 글벙어리들
- 가르치는 대로 안 되는 아이들
- 가장 가까운 사람이 가장 큰 상처를 준다
- 어른들의 바램으로 죽어가는 아이들
- 들어 줘서 행복한 아이들
- 들어 주는 것을 으뜸으로 하는 마주이야기

말벙어리들, 글벙어리들

원아 모집 기간에 귀여운 아기 손을 잡고 들어선 어머니. 말을 시키지도 묻지도 않았는데

"우리 아이는요, 여섯 살인데 글자는 다 읽고 쓸 수 있어요."

합니다. 제 또래들보다 이렇게 앞섰으니 일곱 살 반에서 공부했으면 하는 바램이 담겨 있는 말일 수도 있고, 글자 같은 것은 이미 다 아니까, 유치원에 보내는 것은 또래들과 잘 어울릴 수 있도록 하기 위해서라고 하며, 수준 높은 어머니의 모습을 보이는 말이기도 하지요.

아이한테

"어마, 누가 가르쳐 줬어?" 하면,

"제가요, 제가 혼자 알았어요."

합니다.

이런 말도 다 어머니들이

"가르치지 않았는데두요, 지가 그냥 알더라구요."
하면서 어떻게 하면 더 똑똑한 아이로 보일 수 있을까 하는 어머니의 바램대로 아이가 그렇게 대답한 것이 아닌가 합니다.

그러면 그 옆에 있던 엄마들은, 우리 애는 어쩌면 좋으냐는 듯

"어마! 여섯 살인데 글자 읽고 쓸 수 있어요?"

"우리 애는 일곱 살인데 제 이름자밖에 못 써요."

"아유, 우리 애는요, 노는 거, 노는 거밖에 몰라요."
하면서 마음 깊숙이 들어 앉았던 걱정이 별안간 봇물 터지듯 쏟아져 나오면서,

"글자 가르쳐요? 유치원에서 노는 것만 가르친다면서요? 우리 애는 일곱 살에 학교 들어가는데, '글자 공부 좀 하자' 그러면 아주 싫어해요. 엄마나 하래요. 저는 펑펑 놀기만 하면 된대요. 선생님이 노는 것도 공부라고 했다면서요."

"우리 애는요, 아빠 나이가 많아서요, 여섯 살에 학교 보내래요. 글자도 한 자 모르는데……."

이렇게 글자, 글자 합니다. 여섯 살, 일곱 살 때는 그저 글자를 아느냐 모르느냐가 아이의 모든 발달 정도를 가늠하는 것처럼 됐으니까요.

나는 엄마들이 가장 관심을 많이 갖는 것, 요구사항을 열심히 들은 후

　"유치원에서는 이렇게(아이들이 '많이' 할 때 하는 손짓을 해 보이며) 많이 하려고 하는데, 엄마들 얘기를 들어 보니 아주 조금을 원하시네요."
하면서

　"엄마들 자리에서 보면 일찍 글자를 깨친다는 것은 정말 대단한 일이지만 제 자리에서 보면 그렇지도 않습니다. 여섯 살에 글자를 깨쳤건, 다섯 살에 깨쳤건, 한 자도 모르고 학교에 들어가 좇아가느라 힘들었건 어쨌건, 초등학교 1학년 1학기 마치면 다 읽고 쓸 수 있는 수준이 됩니다. 그러고 보면 다섯 살 때부터 고 어린 것을 데리고 글자를 깨치느라 서두르고 1학년 국어부터 시작해서 초등학교 국어, 중학 국어, 고등 국어, 대학 교양국어까지 얼마나 열심히 가르치는 것을 배워야 했습니까? 이렇게 국어공부를 열심히 한 우리 학부모님께 '저기, 교육 전문잡지《월간 유아》에서요, 애기 키운 이야기 200자 원고지 한 열 장 정도 부탁하던데요. 한 번 써 보세요.' 하면, 겸손해서가 아니라 정말 당황해서 '아유 못 써요. 정말 못 써요' 하면서 아예 엉덩이를 뒤로 빼고, 또 한 번만 그런 말 하면 뒤도 돌아보지 않고 가 버리겠다는 몸짓을 합니다. 학교 다닐 때 글 쓰는 (글짓기) 시간이 얼마나 지겨웠는데, 그 짓을 또 해야 하느

냐는 듯이 두 손을 휘휘 내저으면서 말입니다.

난, 글자 병에 심하게 걸려 그 어린 것을 데리고 달달 볶아댄 결과가 이렇게 글벙어리로 나타났는데, 우리 아이들에게 그런 교육을 되풀이해서야 되겠느냐고, 하고 싶은 말을 또박또박 했습니다.

정말 이게 어찌된 일입니까. 여섯 살 때 이미 글자를 "저 혼자 알았어요" 해서 주위 모든 사람들을 놀라게 하고, 여섯 살·일곱 살 짜리 형들을 들볶이게 한 글자 천재가 대학교까지 나오고도 글벙어리가 되었다니. 우리 국어교육이 잘못돼도 한참 잘못됐다는 생각을 하게 됩니다.

국어교육의 목표는 유치원부터 대학까지 우리 쉬운 말과 글로 듣고, 말하고, 읽고, 쓰기를 잘해서 살아가는 데 불편함이 없도록 도와 주는 데 있는데, 정말 이게 어찌된 일인가 말입니다.

그 어린 것을 데리고 엄마 입에서는 녹음기를 틀어 놓은 것처럼 글자, 글자, 글자 공부를 이렇게 노래하듯 몰아붙였는데도 기껏 그 오랫동안 한 공부가 유치원 때 익힌 글자 모양을 아는 데 머물고 있다니, 도대체 어디서부터 잘못된 일입니까!

초등·중등·고등 국어 가지고도 모자라서 생활하는 데는 이 정도는 알아야 되지 않겠냐 하면서 대학 교양국어까지 가르쳤는데, 왜 이리 답답하게 살게 해 놓았을까요?

'전 못 써요', '저도 못 써요', '전 정말 글 못 써요'라는 말을 유치원 학부모 200여 명에게 질리도록 들은 것처럼, 나부터 시작해서 글벙어리들이 우글우글한데도, 이런 교육의 결과에 대해 답답해 하는 사람도 없다니요. 나도 벙어리, 너도 벙어리, 다 벙어리 세상에서 살아가니 그렇기도 하겠지요.

더욱 답답한 것은 이런 글벙어리를 만들어 달라고 그 어린 것을 데리고 와서 엄마들은 또 '글자 가르쳐요?' 하면서 애원을 합니다.

그럼 글은 글벙어리가 됐다고 치고, 말하기는 어떤가 봅시다.

말이란 것은 해서 시원하고 들어서 재미있고 감동적이어야 합니다. 말이란 그래서 있는 것이고, 꼭 그래야만 합니다. 그러면 여기서 민하와 엄마가 하는 '마주이야기'를 들어보기로 하지요.

민하 엄마는 우리 유치원 엄마들 가운데서도 가장 따뜻하고 고운 분입니다. 민하도 꼭 병아리처럼 보송보송하고 포근한 아이입니다.

> "민하야, 아빠가 오늘 저녁 밖에서 사준대. 새 구
> 두, 새 양말 신고 가자. 비 오니까 조심해서 가자."
>
> "네, 엄마."
>
> (민하가 요리조리 잘 가고 있는데, 뒤에서 빵빵
> 빵! 하는 차 소리에 왼쪽 발이 그만 고인 물에 빠
> 졌다. 민하가 엉거주춤 찌걱거리고 있는데,)
>
> "아유 그러게 조심하라고 그랬지 엉. 나도 몰
> 라. 아예 다 빠져 버려. 다 빠져 버려."

여기서 민하와 어머니가 한 '마주이야기' 흐름을 보면
뭔가 잘못된 것 같지 않습니까? 아이들은 새 구두를 처음
신으면 땅을 딛지 않고 날아다니고 싶어할 정도로 아낍니
다. 그러고 보면 더러운 물에 빠져 속상한 것도 민하가 더
할 것입니다. 그런 민하한테 엄마가 한 말은

'엄마. 나 이 새 구두 똥물에 빠진다 빠진다, 이거 봐 진
짜 빠진다 빠졌다.'

이렇게 약올리면서 일부러 빠졌을 때 하는 말을 했으니
민하는 얼마나 답답하고 억울할까요. 어린 민하로서는 기
가 막힐 노릇입니다.

도대체 아이의 행동과 맞지 않는 이런 무지막지한 말 속
에서 아이가 어떻게 기를 펴고 자랄 수 있을까요. 여기서
덧붙여 말한다면 민하는 그 누구네보다도 따뜻한 집에서

자란다는 점입니다. 이런 일은 민하네만 있는 일일까요?

"정아야. 물 한 그릇 떠 와."

"네."

어른들은 물이 가득 담긴 그릇을 들고 빨리빨리 걸어도 아무 일이 없습니다. 꼭 물이 그릇에 붙은 것처럼 말입니다. 그렇지만 아이들은 물그릇을 들고 아주 조심해 걸어도 더 물이 앞으로 뒤로 출렁거립니다. 그러니 그러면 그럴수록 물만 보고 가다가 문턱에 걸려 넘어지는 바람에 그만 ⋯⋯.

"아유, 이걸 어째. 일곱 살이나 먹고도 물심부름도 못하니 그래, 어마! 이거 어제 산 그릇인데, 한 번 써보지도 못하고 깨 버렸으니, 아유 뒤뚱맞기는, 저리 비켜! 보기 싫어."

이렇게 한도 끝도 없이 퍼붓습니다. 어머니의 푸념도 꼭 정아가

'엄마. 이거 새 그릇 깨 버린다 깨 버린다. 여기 봐 엄마 정말 깨졌다.'

하면서 일부러 일을 저질렀을 때 하는 말을 서슴없이 쏟아냅니다.

왜 그랬는지조차 알려고도 들으려고도 하지 않습니다.

그럼, 어머니들은, 어른들은 그런 잘못 안 저지르나요?

어머니가 접시를 쨍그렁 하고 깼을 때 텔레비전을 보던 아이가 달려 나와

"엄마, 왜 그래. 어디 다친 데 없어요?"

하면

"(쏘아보며) 누가 여기 이렇게 물 엎지르고 안 닦아 놨어, 엉? 미끄러지는 바람에 그릇 깼잖아. 하마터면 큰일날 뻔했네. 아유 어지러워. 자리 좀 펴. 눕게. 누가 물을 엎지르고 안 닦아 놨어 그래."

하면서 어머니의 잘못을 누구 탓으로 돌립니다. 아이들은 어른들이 그렇게 말하는 것을 보고 들으며,

'나도 빨리 어른이 되고 싶다. 잘못해도 야단칠 사람 없으니까.'

하면서 숨죽이고 중얼거립니다. 이래서 아이들은 자기들이 잘못한 것만 야단맞는 게 아니라 어른들이 잘못한 것까지도 야단맞습니다. 답답하고 억울한 일이 쌓이고 쌓이면서 자랍니다.

> "엄마! 엄마는 속이 예쁜 게 좋아, 겉이 예쁜 게 좋아?"
>
> "음…… 속이 예쁜 게 좋지."
>
> "딩동댕! 맞았어 엄마. 난 속도 예쁘고 겉도 예쁜 사람 될 거야."

"그런데 너 그 전에 막 떼 쓰고 심술 부릴 때 보면 속이 밉던데."

"엄마는, 내가 다 알고 있는 건데, 안 그러려고 노력하고 있는 건데, 엄마 그런 말 하면 나 싫어."

현아 말에서 또렷이 나타나듯이, 현아는 자기를 가꾸면서 자라려고 무던히 애를 쓰는 아이입니다. 그래서인지 더 귀엽고 야무진 모습으로 떠오릅니다. 그런데 그렇게 잘 자라려고 하는 현아한테 어머니는 심술궂게도, 지난 일을 다 끄집어 냅니다. 즐거운 마주이야기를 그만 막아 버리고, 현아가 가꾸는 삶에 상처를 줍니다. 말이란 이렇게 하라고 있는 것이 아닐 텐데 말입니다. 말이란 내가 하고 싶은 말을 하되 나도 즐겁고 듣는 사람들도 즐거운 그런 말이어야 됩니다.

이렇게 되고 보면 현아는 자기 삶과 말을 잘 가꾸려고 부지런히 노력하고 있는데, 어머니는 그렇게도 살지 못하면서 옳은 말만 쏟아 놓습니다. 이렇게 되고 보면 어른들은 듣기 싫은 말만 되풀이하는 잔소리꾼이 되어 버립니다. 그래서 한집에 살아도 말이 통하지 않습니다. 아이들은 모처럼 한 마디 하고 돌아올 그 많은 잔소리가 두려워 입을 다뭅니다. 말벙어리 아닌 말벙어리로 되어갑니다. 집안에 벙어리 아닌 벙어리들이 말없이 살아갑니다.

"혜은아, 잘 써."

"……."

"혜은아, 잘 쓰지 못해!"

"……."

"혜은아아, 잘 쓰라니깐."

"(꾸벅 존다.)"

"어! 조네. 넌 어쩜 놀 때는 신나게 뛰어 놀다가 공부만 하라고 하면 조니, 엉. 빨리 일어나지 못해! 정신차려어!"

"아침 해먹고 났는데, 왜 이렇게 졸리지 비 오려나. 아유 모르겠다. 날마다 해도 해도 끝없는 설거지. 잠깐 누웠다 일어나야지."

"엄마, 이거 읽어 줘."

"아유 엄마 낮잠 좀 자게 저리 가."

"엄마, 이거 읽어 줘 잉."

"엄마 낮잠 좀 자게 저리 비키라니까."

"엄마아아아, 이거 강아지똥 읽어 줘 잉잉."

"(졸려 견딜 수 없다는 듯) 이리 와, 엄마 팔베개하고 같이 자자."

하면서 두 말도 못하게 꼬옥 끼고 잡니다. 이래서 눈만 말똥말똥 뜨고 지루한 시간을 보내다가 엄마가 그랬듯이, 아이는 속으로 '전화를 몇 시간씩 할 때는 안 졸다가도 책만 읽어 달라고 하면 졸려 죽겠다고 하네……' 합니다.

낮에 쏟아지는 잠은 밤잠보다 더 깊이 빠집니다. 이때도 엄마는 아이가 조는 것은 공부하기 싫어서라고 몰아세우고 엄마가 졸린 것은 분명한 까닭이 있다고 하면서, 아이는 앉아서도 못 졸게 하면서, 엄마는 아주 편하게 누워서 잠을 잡니다.

아이들은 답답합니다. 어른들 말이 어제도 답답하고 오늘도 답답합니다. 이래서 아이들은 어른들의 바램과는 반대로 억울해서 주눅들고, 답답해서 시들고, 들어 주는 사람 없어 말벙어리가 되고, 이래저래 자신감이고 뭐고, 하고 싶은 의욕마저 다 없어집니다.

이러니 천만금을 주고도 살 수 없는 자식을 집에서 겉돌게 만듭니다. 아예 말을 안 합니다. '말하면 무엇하랴.' 이래서 말 못하는 벙어리들이 집안에 우글우글합니다. 말벙어리 아닌 말벙어리들이 소리 없이 살아갑니다.

이렇게 말벙어리 아닌 말벙어리 엄마 아빠들이 더할 수 없이 열심히 가르쳤다고 하는 아이들을 만나 봅시다. 그것도 집에서 개별지도 받은 아이들을……

가르치는 대로 안 되는 아이들

유치원에서의 1년은 하루같이 지나갑니다. 그 말은 초·중·고등학교는 기간이 6년, 3년인데 유치원은 3년 과정을 다니기도 하지만, 1년만 다닐 때도 있기에 하는 말입니다. 누구나 노래하듯 하는 그런 말이 아니고 유치원은 정말 어제 입학했는데 오늘 졸업하는 느낌입니다. 꼭 해야 할 것을 한두 번 내일로 미루다 보면 하지도 못한 채 졸업날입니다.

'더 많이 관심 갖고 들어 줘야 했는데. 내가 뭘 들어 줬지. 아유 어떡하지'

하면서 더 다니라고 붙잡고 싶고, 아니 열흘만이라도 더 나녔으면 하지만 그것도 안 되고, 그래서 더 열심히 못한 것이, 게으름 피운 것이 다리를 뻗고 주저앉아 철없이 울고 싶을 정도로 후회할 때가 얼마나 많았는지 모릅니다.

그래서 새로 아이들을 맞을 때면 또다시 그렇게 마음 아프지 않으려고 바짝 긴장하고 새로운 각오를 하고 또 하게 됩니다. 집에서 하나같이 잘 가르쳐 보낸 아이들, 태어나서 지금까지 세상 살아가는 데 필요한 모든 것을 개별지도(?) 받은 녀석들, 이런 아이들을 맞기 위해 긴장하고 각오하고 바쁜 가운데에도 지난 해 있었던 일들이 녀석들 얼굴과 함께 떠오릅니다.

영일이, 승호, 수현이와 성경이, 도형이, 영우.

■ 영일이

영일이는 입학하는 날부터 또래들 가슴을 까닭없이 별안간 주먹으로 질러댑니다. 그리고 주저앉아 고통스러워하는 아이를 보고 히히 웃던 녀석입니다.

이 반 저 반 선생님들이 '영일이가 제발 우리 반에는 오지 말았으면, 오더라도 빨리 나가 줬으면, 아무 일이 없기를' 하면서 기도하지만 순간 이 애 저 애를 한꺼번에 때려 선생님들을 다 울려 놓던 녀석.

출근하자마자 전화를 받으면

"영일이란 애가 누구예요. 영일이가 때려서 유치원에 안 간다고 떼부려요."

오후에도 전화를 받으면

"아니 영일이란 애가 어떤 애예요. 도대체 어떤 애길래 가만히 있는 애를 떼밀어 넘어지게 한대요. 머리가 아프대요. 어지럽다고 누워만 있어요. 그런 애는 유치원에 못 다니게 하든지 해야지 어디 유치원에 맘 놓고 보내겠어요?" 하면서 쉬지 않고 불만을 나타냅니다.

한번은 마주이야기 잔치가 있어 학부모들이 함께 했는데 영일이가 앞에 나가서

"저는 김영일이예요."
하니까 모든 엄마들이 갑자기 조용해지면서

'어마! 쟤가 걔구나!'
하는 눈으로 영일이를 쏘아봅니다. 아이들이 집에 가서 얼마나 얘기를 했는지, 다 영일이를 이미 알고 있습니다. 영일이 한 명 보살피는 것이 다른 애들 100명보다 더 힘듭니다. 그런 나날을 보내면서도 짬을 내어, 아빠 참여 수업 잔치를 벌였습니다. 아이들한테는

"아빠들은 유치원에 한 번도 다녀보지 못했기 때문에 아무것도 모르셔. 그러니까 모시고 다니면서 잘 알려 드려."
했고 아빠들한테는 알림장으로

"아이들을 앞세우고, 아이들이 가는 곳에서, 하자는 것을 하시고, '와! 참 잘 만드네.' '저 분은 누구셔?' '이건 어떻게 하는 거야?' '이건 또 어떻게 하는 거고' 하면서 묻

고 또 묻고 감탄하면서 열심히 놀아주셔서 아빠와 함께 한 두 시간이 가장 즐거운 날로 기억되게 해 주세요."
하고 부탁을 드렸습니다.

아빠 참여 수업날, 선생님이 대단한 것을 보란 듯이
"저기 영일이 좀 보세요."
하고 눈짓을 했습니다. '아니 저럴 수가' 항상 얼굴과 주먹에 힘을 주고 불만이 가득찬 눈빛으로 다니던 영일이가 하인처럼 고개를 숙이고 아빠 뒤를 얌전히 따르고 있지 않는가! 다른 아빠들은 다 아이를 앞장세우고 뒤를 따라 즐겁게 다니는데 영일이 아빠는 앞장서서 글자를 읽고 쓰는 그런 곳만 찾아다니면서 옛날 서당에서처럼 영일이를 무릎 꿇어 앉히고는
"이거 읽어 봐. 써 봐."
하면 영일이는 잔뜩 겁을 먹고 주눅이 팍 들어 감히 고개도 들지 못하고 꼼짝없이 그 숨막히는 시간을 보내고 있었습니다.

영일이 아버지는 건축업을 하면서 나름대로 자식 하나만은 잘 가르치려는 대단한 각오를 하신 분입니다. 그러니까 아버지 참여 수업에도 바쁜 공사현장에서 빠져나와 오고, 또 일곱 살 짜리는 우선 글자를 알아야 초등학교 가서도 뒤떨어지지 않는다는 생각을 갖고 열심히 가르치는 겁니다. 또 버릇없이 키우지 않으려고 아주 엄하게 가르치며

아버지 노릇을 하고 있었습니다. 그렇지만 영일이는 가르치는 대로 만들어지지 않고 아버지와 비슷하게, 아니 똑같게 만들어지고 있었습니다. 아버지 앞에서는 아버지가 가르친 대로 하고, 다른 곳에서는 아버지가 가르친 것과는 전혀 다르게 행동하고 있었습니다.

기죽어 자라던 아이들이 속으로 속으로 쌓인 불만이 힘깨나 쓸 수 있는 사춘기 때가 되면 때와 장소를 가리지 않고 아무한테나 터져나와 끝내 파출소에 끌려가게 됩니다. 나중에 전화를 받은 어머니는

"우리 애는 그런 짓을 할 아이가 아니예요. 절대로요. 우리 아이가 아닐 거예요."

■ 승호

다섯 살 승호는 분하고 억울하고 답답해 못 견디겠다는 듯 엄마가

"응가하고 올께."

하고 나간 쪽을 보고 기를 쓰고 버둥거립니다. 안고 있는 내 멱살을 잡고 머리를 움켜잡아 뜯습니다. 얼마나 있는 힘을 다해 버둥대는지 바지가 다 내려가 엉덩이, 고추가 다 보여도 막무가내입니다. 내 윗도리 단추도 떨어지고 저나 나나 꼴이 말이 아닙니다.

승호 우는 소리는, '이런 일이 한두 번이냐. 응가는 무슨 응가냐, 내가 속을 거 같으냐. 내가 힘이 없다고 그렇게 무지막지하게 엄마 맘대로 선생님 맘대로냐. 내가 커 봐라, 내가 힘 세지고 엄마가 할머니 되면 가만 안 둘 테다' 하는 말보다도 더 많은 말인데, 내가 못 알아들어 승호가 더 답답해서 몸부림을 치는 듯했습니다.

이젠 있는 힘을 다 써서 더 이상 어떻게 할 수 없는지, 그렇지 않으면 분한 마음이 좀 사그러졌는지 다 보기 싫은 듯 눈 딱 감고 울어대던 녀석이 주위를 둘러봅니다. 난 조심스레 눈치를 살피며

"업어줄까?"

하니까

"싫어 이잉."

하면서도 업힙니다. 간식을 주니까

"싫어 잉."

하면서 받습니다.

"맛있게 먹자."

하니까 또

"싫어 잉."

하면서 먹습니다. 이리 오라고 해도

"싫어 안 갈래."

하면서 오고, 여기다 그림 그리자 해도

"안 해."
하면서 말이 끝나기도 전에 벌써 찌그러진 동그라미를 그리기 시작합니다.

"유치원과 친해지는 기간에 오셔서 승호와 재미있게 놀아 주면서 유치원은 즐거운 곳, 집과 같은 곳, 아니 집보다 더 재미있는 곳이라는 것을 알도록 도와 주세요."

이렇게 여러 번 연락을 했건만 바빠서 바빠서 하더니 입학식날은 어떻게 알고 느닷없이 승호를 업고 달려와 '우는 방'에 던져 놓고 뒤도 돌아보지 않고 가 버렸을까요.

■ 수현이와 성경이

성경이가 바깥 계단에서 외로운 듯 쓸쓸하게 혼자 앉아 있습니다. 누가 좀 자기 기분을 알아 달라는 듯이.

"성경아. 추운데 왜 밖에 나와 있어? 들어가 어서."
하니 고개만 설래설래 흔들고 꼼짝하지 않고 그대로 앉아 있습니다. 절대 안 일어나겠다는 듯이. 무엇 때문에 또 삐쳤을까요.

"왜! 속상한 일 있어 추운데 들어가서 얘기하자."
하고 교실로 안고 들어오니

"선생님 쟤들이 같이 안 놀아 줘요."
하면서 수현이 쪽을 가리킵니다.

수현이는 유치원에 처음 온 날부터 하나도 낯설어 하지
않고 몇 년 다닌 녀석처럼 돌아다니며 놀고, 모르는 애들
한테 가서도 노는 걸 재미있게 구경하고 금방 한데 어울리
고, 어쩜 저렇게 단체생활을 쉽고 즐겁게 하는지 보기만
해도 즐거워지는 녀석입니다. 그리고

"아유 재밌어. 아유 재밌어. 참 재밌다 그치?"

하면서 다닙니다.

성경이는 자기 스스로 어울리려 하지 않고 수현이가 자
기를 즐겁게 해주기를 기다리며 버티고 서 있습니다. 수현
이가 동생 보살피듯 성경이를 데리고 갑니다.

■ 호수같은 도형이

도형이는 걸을 때도 땅이 아플까 봐 그런지 살살 걷습
니다. 말도 아주 작은 소리로 합니다. 얼굴부터 온 몸의 분
위기가 잔잔하고 맑은 작은 연못입니다.

그런가 하면 도형이와 함께 생활하는 유치원의 대부분
녀석들은 위험한 짓만 골라합니다. 요즘은 남자가 여자 아
이들보다 많아서인지 유치원 분위기가 더 거칩니다. 계단
에서 "멍멍" 하면서 기어 오르내리고, 순경 도둑놀이한다
고 물에 빠진 생쥐처럼 땀을 흠뻑 흘리고, 앞에 뭐가 있는
지도 모르면서 달리다가 부딪치고 울고불고합니다.

또 계단 아래를 내려다보며

"나 네 칸 뛸 수 있어어."

"난 다섯 칸 뛰어내릴 수 있어. 시. 자 봐."

하며 말릴 새도 없이

"하나. 둘. 셋."

순간 난 눈 딱 감고 '오, 하나님. 휴.'

"재원아, 여기는 사람들 오르내리는 계단이야, 놀이터에서 놀아야 다치지 않지. 잘못하면 죽어(죽는다는 것이 뭔지도 모르는 녀석이니깐). 피 나(피 나는 건 되게 겁내니까)."

하고 말하지만 금방 기어오르고 뛰어내리고 고꾸라지고 자빠지고 그러다가 태권도놀이한다고 옆에 있는 애한테 다리를 쭉쭉 뻗는데, 같이 하다가 엉겨붙고 조금 떨어진 데서 보면 노는 건지 싸우는 건지 알 수가 없습니다. 그래도 낌새가 이상해 가까이 와 보면 둘이 어쩌다 싸움까지 하게 됐는지 이미 서로 양볼을 있는 힘을 다해 움켜쥐고 있습니다.

"이런, 손톱 자국까지 이렇게 났으니. 어떡해?"

녀석이 집에 갈 때 쪽지에다 '잘못 보살펴서 죄송합니다. 잘못했습니다.' 써서 보내고 또 전화로도 어떻게 하면 좋아요 하고 용서해 줄 것을 빌면

"아니 그래 개네 엄마는 손톱도 안 깍아 준대요? 개네 집 전화번호 좀 가르쳐 주세요."

하면서 화난 만큼 화풀이를 해야 견디겠다는 듯이 다그칩

니다. 아이들이 똑같이 싸웠는데도 어머니들은 거의 다 똑같이 피해자라는 생각에서 벗어나지 못하고 힘들어 합니다.

"저…… 저기 걔네 엄마 애기 낳으러 수원 친정집에 가 계세요."

이렇게 해서 시간이 흐르면 상처가 아물고 용서하는 쪽으로 마음도 정리되어 문제가 해결되고 나면 또 생기고 그렇습니다.

이런 틈바구니에서 도형이도 하루를 보냅니다. 도형이는 싸움 같은 것에는 관심도 없습니다. 땅도 아플까 꺼질까 살살 밟는 녀석이니 동무들은 얼마나 귀하게 대할까요.

도형이만큼은 지금까지도 그랬지만 앞으로도 절대로 또래들을 괴롭히지 않을 거라는 믿음이 가는지 거칠은 녀석들도 도형이 앞에서는 얌전해집니다.

도형이가 있는 곳에는 뺏고 다투고 하는 일이 없습니다. 힘 세고 심술궂고 욕심 많은 녀석들도 자기가 애써 맡은 장난감을 도형이한테 갖다 맡깁니다. 싸움 안 하고도 얼굴에 손톱자국 하나 없어도, 군소리 안 해도 조용히 자기 주위를 자기한테 맞게 이끌어 나갑니다.

■ 영우

조금 전에는 침을 여자아이들 얼굴에 일부러 튀기는 짓을 하더니 바람떡을 먹는 간식시간에 녀석 또 무엇 때문에 심술이 났는지

"이거 엎지른다. 이거 엎지른다."

하면서 떡이 담긴 접시를 떡이 떨어지도록 점점 거꾸로 들면서 옆눈으로는 선생님과 동무들을 번갈아 살핍니다. 난 '설마 떡을 바닥에 떨어뜨리기야 할라고. 숫제 모르는 척해야지.' 하면서 저렇게 약을 올릴 때는 같이 열이 올라 자칫 잘못하면 거칠어지니까 침을 한 번 꿀꺽 삼키고 창 밖으로 눈길을 돌리는데

"엎질러졌다."

하는 소리, 드디어 떡을 바닥에 버린 게 아닙니까! 먼지 있는 바닥에 일부러 떨어뜨린 거니까 버린 게 아니고 무엇이겠습니까. 그리고는 자기가 꼭 해야 할 일을 한 듯, 그동안 미뤄왔던 일을 해낸 듯 아주 시원해 하는 모습입니다.

하늘까지 무너져내리는 절망감으로 '도대체 영우는 왜 저렇게 미운 짓만 골라 하도록 만들어졌을까' 하며, 영우 얼굴을 마주할 자신이 없어 창쪽을 보니 힘에 겨워서 그런지 별안간 토할 것 같고 어지럽습니다.

승호! 승호도 어머니가 가르치는 대로 만들어지겠습니까? 유치원에서 여러 번에 걸쳐 엄마에게

"유치원은 승호가 태어나서 처음 만나는 새로운 환경이잖아요. 아무리 승호를 위해 최선을 다해 만든 시설이라도 승호한테는 너무나 낯선 곳입니다. 승호가 가장 믿고 의지하는 어머니가 오셔서 함께 놀아주면서 시설물, 선생님과 자연스럽게 사귈 수 있도록 해주세요. 그것은 우리 어른들이 어린이들에게 마땅히 해야 할 예의입니다. 유치원 모든 것은 승호를 위해서 있다는 것을 알려 주세요. 그래서 즐겁게 다닐 수 있도록 도와 주세요. 그런 과정을 거치지 않고 그냥 떼어놓으면 유치원 적응이 늦어져 선생님과 승호 모두가 고생하게 되고 자라서도 새로운 곳에만 가면 낯가림이 심한 증상으로 고생하게 됩니다. 어머니가 바쁘시면 누나라도, 아버지라도, 일요일날까지 유치원 문을 열겠으니 와서 놀아 주세요."

하고 애원을 했는데도, 아무도 모르는 이 낯선 곳에 승호를 짐짝 내던지듯 하고 가 버렸으니 승호는 어머니부터 시작해서 모든 사람을 믿을 수 없도록 만들어질 수밖에요. 속고만 살게 만들어 놓고는, 가르치고 또 가르치면서 가르친 대로 안 된다고 답답해 하겠지요.

성경이! 성경이는 항상 마음대로 안 되면, 안 나오는 눈

물을 짜내 작은 손으로 그것도 눈물이라고 우는 시늉을 합니다. 자기가 즐겁지 않은 것은 다 애들 탓이고 선생님이 예뻐해 주지 않아서 그렇다고 징징거립니다.

모든 것을 스스로 해결하기보다는 또래들한테 동생처럼 도움을 받습니다. 성경이 부모님이 그렇게 하라고 가르치지는 않았겠지요. 유치원 생활을 자기도 힘들고 또래들도 힘들고 선생님도 힘들게 합니다.

유치원 오기 전에 이미 그렇게 만들어져서 왔는데도 어머니는 성경이가 선생님의 관심 밖이라서 그렇다고 하는 말까지 해, 선생님을 더 힘들게 했습니다.

어울리기를 힘들어하는 녀석은 '유치원 안 갈래병'에 걸리고, 자신감이 없어지고, 시들고, 모든 것에 흥미를 잃습니다. "자신감을 가져!" 이렇게 말한다고 자신감이 생기겠습니까? 가르친 대로 안 되는 아이들입니다.

수현이! 수현이는 수현이 마음과 같이 몸매도 누구를 보살피듯이 그렇게 아예 만들어진 듯합니다. 또래들한테는 꼭 큰언니 같습니다. 날마다 즐겁고 재미있습니다. 수현이한테만 즐겁고 재미나는 일을 누가 잔뜩 가져다 준 것처럼 그렇게 보입니다. 집안에서야 어머니 아버지가 그렇게 해 준다고 칠 수 있겠지요. 그렇지만 유치원에서는 교실이 추우면 다같이 춥고, 더워도 그렇고, 많이 걸어 다리가 아픈

나들이를 떠나도 다 같고, 먹을 물이 없어 목마른 것도 다 같습니다. 동무들끼리의 부딪침. 이런 거 다 같은데도 즐겁고 재미있게 지냅니다. 수현이가 있는 곳은 수현이도 좋고 다른 아이들도 좋고 다 좋습니다. 수현이를 보면 여름에는 시원하고 겨울에는 따뜻한 느낌이 듭니다. 난 수현이가 생활하는 것을 보면서 감동하고 또 합니다.

그리고 나도 수현이 흉내를 내면서 생활하는데 그러다 보니 정말 수현이처럼 날마다 재미있고 즐거워집니다. 수현이가 이렇게 즐거운 생활을 하면서 주위 사람들을 감동시키는 것도 뭐 가르쳐서 이루어진 것일까요?

도형이! 도형이는 또래들이 노는 것을 구경하는 것도 무척 재미있어 합니다. 하지 말라는 것은 안 합니다. 가지 말라는 곳, 하지 말라는 짓은 안 합니다. 가르쳐서 그렇게 만들어진 것이 아니고 온갖 것을 다 받아들여 그렇게 자란 것입니다. 도형이의 깨끗한 얼굴을 보면, 손톱 자국이 있는 녀석은 손톱자국을 다른 아이한테도 남겼을 거라는 생각이 듭니다. 누구도 도형이의 얼굴을 긁어놓을 수 없을 것 같습니다.

아이구 우리 영우! 피부도 하얗고 잘생긴 영우는 미운 짓만 골라 합니다. 뭐랄까 뺀질거린다고 할까요. 얄밉다고 약올린다고 하면 맞을까요.

어느날, 비도 오지 않는데 우산을 쓰고 와서는 내 앞에서 계속 폈다 접었다 합니다.

"어디보자, 영우야, 새 우산이네, 누가 사 줬어."

하니까

"엄마가요"

합니다.

어머니가 또 바뀌었나 봅니다. 어머니가 바뀔 때마다 영우는 그동안 못 받은 어머니의 사랑을 이렇게 소낙비처럼 받아 먹습니다. 영우한테 소낙비 사랑이 내릴 때는 뺀질뺀질한 짓도 약올리는 짓도 안 합니다.

이렇게 만들어진 영우, 미운 짓을 하면 동무들이, 어른들이, 주위 모든 사람들이 힘들어 하는 것을 알면서도 일부러 더 그럽니다. 마치 '내가 받는 외로움, 두려움, 무서움은 이것보다 더한 거예요. 좀 알아 주세요. 네? 나눠가져요. 네 네.'

가끔 가다 영우 아버지가 영우를 데리고 교육비를 내러 오십니다. 여느 아버지나 다름없이

"선생님 말씀 잘 듣고 동무들과 사이좋게 놀고."

하고 가르치면 영우 으레 노래하듯

"네, 네"

합니다. 삶과 말이 겉돕니다. 영우와 아버지는 겉돕니다.

그러니 가르치는 대로 되지 않는 아이들입니다.

　똑같은 교육환경에서 똑같은 선생님이 똑같은 관심과 사랑을 똑같이 나눠주는데 받아 먹는 아이들은 왜 다 다를까요? 어머니가 그 아까운 직장도 버리고 오직 애 하나 둘잘 키우기 위해서 그 어떤 조건에서도 행복하게 살아가기를 바라면서 개별지도해서 보낸 아이들이 아닙니까. 어머니들은 "유치원 잘 갔다와. 즐겁게 지내고" 하면서 보냈을텐데 말입니다. 어떤 어머니가 아이에게 "뭐가 재미있어. 난 하나도 재미없어" 하라고 가르쳤겠으며, "넌 닥치는 대로 때리고 와" 하며 가르쳤겠습니까! 가르치는 대로 안 되는 아이들입니다.

가장 가까운 사람이 가장 큰 상처를 준다

영일이 · 승호 · 수현이와 성경이 · 도형이 · 영우.

이렇게 다 틀리는 녀석들의 모습에서 어머니 아버지의 모습을 그대로 볼 수 있습니다. 아이들이 막 떼를 쓰고 고집을 피울 때 견디다 견디다 못해,

"으이구. 누굴 닮아서 저럴까."

하고 남 말하듯 하지만, 어머니 · 아버지 말고 누굴 닮겠습니까?

여기서 잠깐 집안을 들여다봅시다. 아버지가 아이를 잘 키우겠다고, 버릇 없는 아이로는 절대로 키울 수 없다고 아이의 잘못을 들춰내며

"너 아빠가 조금 전에 뭐라 그랬어. 엉?"

하면서 매질을 하니까, 아이가 울며불며

"아빠, 아빠, 아빠"

애원하면, 이를 보고 있던 어머니가 안절부절 못하고

"잘못한 만큼 한 대만 때리지. 어! 어! 해도해도 정말 너무하네."

하다가 견디지 못하고

"아유 숫제 나를 때려요. 그 어린 것 때릴 데가 어디 있다고."

하면서 매맞는 아이를 막아섭니다.

이번에는 반대로 엄마가

"너 해 떨어지기 전에 집에 들어오라고 그랬지. 지금 몇 시야? 너 시간 볼 줄 모르지. 그러니까 해 떨어지기 전에 들어오라고 그랬지. 지금 캄캄해? 환해? 너 정말 엄마 이렇게 약올릴 거야? 내가 너 찾으러 동네 몇 바퀴 돌았는지 알아, 벌써 몇 번째야, 엉. 너 몇 살이야?

"일곱 살."

"너 몇 대 맞기로 했지?"

"일곱 대"

"일곱 대 맞기로 했지, 얼른 바지 걷어."

"엄마, 엉엉, 아영이 엄마가 시장 갔는데, 늦는다고, 아영이랑 좀 있으라고 해서⋯⋯."

"뭐? 아영이 엄마가? 너 그럼 아영이네 가서 살아. 한

대, 두 대."

"아유, 엄마 엄마 엄마 그래두 올라 그랬는데 아영이가 무섭다구 못 가게 해서."

"너 무슨 말이 그렇게 많아. 잘못했어 안 했어. 그것만 말해 엉. 너 말이 많아서 더 맞아. 세 대, 네 대."

"엄마, 자 잘못, 아야! 엉엉."

어머니 매질이 더 세지고 아이가 억지로 잘못했다고 하면서 아프고 억울하고 답답해서 울어댈 때 이번에는 참다 못한 아버지가 끼어들어,

"아유, 고 어린 것 때릴 데가 어딨다고 그렇게 때려. 말로 타이르지. 이리 와 쯧쯧쯧."

합니다.

이러고 보면 항상 때리는 것을 구경하는 사람은 제정신이고 때리는 사람은 제정신이 아닙니다. 거기다가 때리고 매맞는 것을 지켜 본 부모 가운데 한 쪽은 아이가 잘못한 것보다 더 맞는다고 안절부절 못합니다.

그러니 아프게 매까지 맞는 아이는 어떻겠습니까. 제정신이 아닌 어머니, 아버지한테 매맞으면서 한마디 말도 못하니! 답답하다 못해 억울하고 분해서 미칠 지경일 것입니다.

아이는 때도 없이 이렇게 제정신 아닌 가장 가까운 어머니·아버지한테 번갈아가며 아물 날 없이 상처를 받습니다. 그래서 아이들은 어른들 바람과는 반대로 억울하고 분

한 만큼 시들고 자신감이 없어집니다. 스스로 무엇을 하려는 의욕이 없어집니다.

  흥분이 가라앉아 제정신이 된 어머니 아버지는 제정신이 아닐 때 이렇게 만들어진 아이가 못마땅해서

  "지은이 좀 봐라. 인기 좀 봐라. 걔들은 어쩜 그렇게 야무지고 똑똑하냐."
하며 당치도 않은 상처를 더 얹어 줍니다.

  이렇게 아이를 보살피는 가까운 사람들 가운데는 '어떻게 하면 주눅들일까, 자신감이 없게 만들까, 시들게 할까?' 상처 주는 일만 되풀이하는 어른들이 많습니다.

  아이들은 둘레의 다른 사람들보다 어머니 아버지한테 받는 상처로 아물 날이 없습니다. 가장 가까이 있는 사람이 가장 큰 상처를 준다는 말입니다.

어른들의 바램으로 시드는 아이들

사람들은 유치원에서 우리가 맡고 있는 아이들(5 · 6 · 7세)을 가장 좋은 때라고들 합니다.

아이들을 데리고 "하나 둘 셋 넷" 하면서 바깥 나들이라도 떠나면 지나가던 사람들이 귀여워 못 견디겠다는 듯이

"차암 좋을 때다."

합니다. 나는 '좋을 때라니요, 죽지 못해 살아가요' 하고 중얼거립니다.

아기가 태어나서 세 살 때까지는 잘 자랍니다. 잘 자라주기를 바라는 대로 무럭무럭 자랍니다. 공부에 대한 기대도 하지 않고 부담도 주지 않기에 잘 자라주기를 바랬던 것보다도 더 잘 자랍니다. 이렇게 잘 자라는 아기가 어느 날 눈에 띄는 글자를 "이" 하고 읽습니다. 놀란 엄마는

"여보 여보. 이리 좀 와 봐요, 얘한테 글자 가르쳤어요?"

"아니"

"어머니! 어머니 얘한테 글자 가르치셨어요?"

"아니다. 나 글자 안 가르쳤다……. 아유 개 아범 닮아서 그렇다. 아범 그 전에 어깨너머로 글자 다 깨쳤다."

이래서 기대하지 않아서 부담주지 않아서 가르치지 않아서 잘 자란 아기는 하루아침에 천재가 됩니다. 예쁜 세 살 짜리가 있는 집집마다 천재가 자랍니다. 예쁜 세 살은 다 천재입니다. 몸과 마음이 날마다 눈에 보이게 자라니 그렇습니다. 그렇지만 우리 집 천재만 보이지 남의 집 천재는 모릅니다. 이때 천재를 키우는 집안에서는 잘난 부모도 못 이룬 꿈을 이 어린 천재한테 의논도 없이 다 떠넘깁니다.

겉으로는

"아유 소질과 능력에 맞게 자라도록 도와야지요. 뭐."
하면서도 속으로는 '서울에 있는 대학에 다녀야 해. 아니 서울에 있는 대학 말고 저기 관악 캠퍼스, 서울대학을 꼭 다녀야 한다구. 저기 저 집에 사는 아이는 서울대학에 들어가니까 그냥 동네 사람들이 부러워하고 학비도 용돈도 다 벌어쓰고도 남아서 부모님께 생활비도 드린다는데……. 12년만 죽었다 하고 공부하면 평생 행복이 보장되는데 왜 안 해. 내가 뒷바라지가 아니라 앞바라지를 해

서라도 서울대학 들어 보내야지. 다 너를 위해서 다 너를 위해서야.'

이렇게 되고 보면 다 너를 위해서 어쩔 수 없다고 하면서 기대하는 것만큼 그 어린 것을 닦달하기 시작합니다.

"너 이거 해."

"너 지금 ○○ 배우러 갈 시간이야."

하면 아이는 '안 할래 안 갈래병'에 걸리고, 그럴 때마다 엄마는 왜 그러는지 들으려고는 하지 않고 노래하듯

"내가 먹을 거 안 먹고 입을 거 안 입고 오로지 너만을 위해서 사는데 왜 그래? 왜 엄마 말 안 들어 엉?"

하면서 한 말 하고 또 하고 합니다.

견디다 못한 아이는 어머니한테 귀신같이 붙어 있는 기대를 떼어내지 않으면 제 명에 죽지 못할 것같기에 어른한테는 반항으로만 보이는 그 힘으로 대들기 시작합니다.

그런데 어린 아이들 어머니를 보세요. 벌써 자식이 일류 대학에 다니고 있는 어머니들같이 행세하며 살고 있지 않습니까! 이런 부모님을 보면서 아이들은 지레 지쳐 갑니다. 부모님의 기대를 부담스럽고 힘겹게 짊어진 어린 아이들이 하루하루 시들어 갑니다.

그러다가

"밥 안 먹을래요."

"뭐? 밥 안 먹는다고?"

하면서 안 먹는다고 하는 밥에다 물을 붓고는

"어서 퍼먹어."

합니다. 아이가 또 이불을 뒤집어 쓰고 있으면

"아니 조그만 것이 벌써부터 이불을 뒤집어 써? 빨리 일어나지 못해 엉."

하고 닦달을 합니다. 아이가 중학생쯤 되어 힘이 세지면 아예 문을 걸어 잠급니다. 어머니는

"문 열어 빨리. 문 열지 못해? 빨리 문 열어."

하면서 문을 두드리며 숨 넘어가는 듯 소리치지만 아이는 들은 채도 안 합니다. 어머니는 소리치다 지쳐 이젠 아주 조용히 고상하게

"애야, 문 열어. 엄마가 니 말 다 들어줄게. 응. 문만 열어 글쎄. 왜 그러는지 엄마한테 다 말해 엄마가 다 들어줄게. 응?"

이렇게 애원애원해서 문을 열게 합니다.

"무슨 속상한 일인지 말해 봐. 뭣 땜에 그래 응? 왜 말을 안해? 말해 봐. 말해 봐 응. 어서"

하며 다들어줄 듯하면

"엄마 왜 여자 친구한테서 전화 오면 없다고 그러면서 안 바꿔줘요."

"다 너를 위해서야. 4년만 4년만 죽었다 하고 참고 견디자. 대학만 들어가면 거 뭐냐. 핸드폰, 시티폰, 또 무슨 폰

있냐, 폰이라는 폰은 다 사줄게. 그저 하루 종일 전화만 해도 말 안 할게. 응. 대학 들어갈 때까지만 참자. 다 너를 위해서야. 알았지?"

"……"

"……"

"나를 위해서 바꿔 주세요."

"요 녀석 봐. 엄마가 지금까지 얘기했는데, 뭐 알아들었어, 엉. 뭐 들었어. 다 너를 위해서라 했잖아아."

"나 나갈래요."

"나가, 나가, 나가서 들어오지 마."

이래서 아이는 집을 나갑니다. 어머니는 저녁이 되면 들어오겠지 하면서 8시, 9시, 10시 기다리다가

'아니 애가 엄마가 한 말을 그대로 알아들었나 봐. 그 전에는 나가라 해도 들어오고, 죽으라 해도 안 죽었는데' 12시가 넘어가자 '아니 불량배들하고 어울려 본드 마시고, 불타죽고, 아유 어떻해, 이제 나 안 그럴게. 들어와만 줘 응? 응. 절대 안 그럴게.'

하며 문 밖에서 서성이다 눈이 빠지게 기다리던 아들이 들어오면 눈치를 살피며

"너하고 밥 먹을려고 기다렸는데…… 같이 밥 먹자."

"……"

"용돈 떨어질 때 됐지 용돈 있니?"

하면서 그동안 겹겹이 붙어 있던 아이에 대한 일류대학 기대를 떼어 내기 시작합니다.

그러다가 신문·방송에서

"엄마, 엄마 기대를 도저히 채워 드릴 수 없어 이 딸 먼저 가요. 엄마 엄마 엄마……"

하면서 몇 자 적어 놓고 아파트 옥상에서 떨어져 죽어간 다른 아이들 이야기를 듣고 놀란 어머니, 이젠 기대고, 일류대학이고 뭐고 아이 목숨 살리는 것만도 바쁩니다.

이래서 세상 사람들이 가장 힘들다고 알아주는 고3은 그동안 밥 안 먹고 이불 뒤집어 쓰고 문 걸어 잠그고 집 나가고 또 옥상에서 뛰어내려 죽어간 친구들의 말을 뒤늦게나마 알아듣고 당치도 않은 기대란 기대는 다 떼어낸 식구들 속에서 살아가고 있습니다. 정말 그 좋은 말대로 소질과 적성 능력에 맞게 대학을 갈 수 있는 때입니다. 차라리 유치원 또래들 보다는 좋은 때입니다.

그런데 기대란 기대는 온통 짊어지고 휘청거리는 유치원 또래들은 누가 알아주나, 말을 시원하게 할 줄 아나, 글을 쓸 줄 아나, 그렇다고 집을 나갈 줄 아나. 더군다나 죽을 줄 아나. 죽고 싶어도 어떻게 죽는지 모르고, 무슨 약을 사먹어야 죽는지를 모르고, 어떻게 목을 매달아 죽는지를 몰라서 답답하게 살아갑니다. 요즈음 아이들이 소아정신과에 몰립니다. 어른(부모)들이 병 주고 약 주고, 또 병 주고 약 주고를 되풀이합니다.

　거기다가 또 어른들이 좋다고 골라 준 책들도 이런 어린이들의 삶을 위로해 주고 싱싱하게 가꿔 주기는커녕 어른들의 지나친 바램으로만 가득 찬 내용으로 엮어 놨으니 이리 봐도 저리 봐도 답답한 세상입니다. 이래서 어른들의 기대와 바램과는 반대로 어린이들은 지쳐 시들고 쓰러집니다.

　어른들은 어른들대로 자식이 가르치는 대로 안 된다고, 마음대로 안 된다고 야단들입니다.

　만약에 고 3 어머니들이 유치원 또래들한테 하듯그렇게 기대하고 닥달하면 아마 부모님의 기대를 도저히 채워드릴 수 없다고 하면서 죽어간 고 3 시체가 거리에 널릴 것입니다. 죽지 못해 살아가는 아이들입니다.

들어 줘서 행복한 아이들

학부모들은 초·중·고 입학시킬 때와는 달리 유아교육 기관이면 어디서든지 한결같이 묻는 말이 있습니다.

"무얼 가르치나요?"

나는 이 간단한 물음만큼 짧고 분명하게 대답을 못하고 머뭇거립니다. 유치원 선생을 30년 가까이 하고도 그러니, 참으로 딱하고 답답한 일입니다.

그런데 들어 주는 것을 으뜸으로 하는 마주이야기 교육을 하고부터는 잠깐 앉으시도록 자리를 마련해 드리고 나서

"제가 먼저 우리 유치원 교육에 대해 말씀드리고 더 궁금한 게 있으면 서로 이야기 나누도록 해요."

하고는,

"절보고 사람들은 이야기꾼이라고들 합니다. 그런데 들

어 주는 것을 으뜸으로 하는 마주이야기 교육을 하는 지난 5년 동안 어른들이 쓴 동화·동시는 들려 주려 하지 않았습니다. 가르치려 들지도 않았습니다. 아이들 앞에 나가서 본 적도 없습니다. 아이들은 이야기를 들려 주고 가르치는 것도 좋아하지만 그보다 더 좋아하는 것이 있다는 사실을 알았기 때문이지요.

그것은 말을 시키지도 묻지도 않는데, 하고 싶어 견딜 수 없어서 터져 나오는 아이들 말을 열심히 들어 주는 것입니다. 아이들은 자기들 말을 열심히 들어 주면 그렇게 좋아할 수가 없습니다. 이 추운 겨울에도 따뜻한 깃털로 감싸준 것처럼 그렇게 행복한 모습을 합니다. 그것은 마치 어머니가 집안일을 해가며 하루를 보내고 저녁에 남편을 만나

'아유 여보 있지, 오늘 유치원에 갔는데, 글쎄 내가 선생님과 얘기하고 있는 동안 우리 일영이가 옆방에서 혼자 잘 놀더라구. 선생님이 그러는데, 아주 잘 키운 거래. 어떤 아이는 놀다가도 어머니가 있나 없나 확인하고 또 확인하고 노는가 하면, 아예 엄마 치마를 꼭 잡고 옆에 붙어서 안 떨어지는 아이도 있대.'
하면서 쉬지 않고 얘기할 때, 열심히 듣고 있던 남편이

'아유 우리 일영이 그랬어. 그렇게 혼자 잘 놀았어.'
하면서 성큼 안아 주면 얼마나 행복할까요. 금방 온 집안에 따뜻한 공기가 퍼지고 구석구석 행복한 노래로 가득 차

겠지요.

그런데 반대로

　'아유 참 말도 되게 많네. 웬 여자가 이렇게 말이 많아. 밥이나 빨리 줘. 배고파 죽겠어!'

하면 금방 이 세상에 나 혼자인 것 같고, 외롭고 쓸쓸하고, 눈물이 왈칵 쏟아질 것 같고, 남편이 아주 모르는 다른 아저씨 같게도 보이고, 한 이불 속에 누워도 으슬으슬 춥고, 희망도 꿈도 희미해지고, 난 어쩔 수 없이 모자라는 사람 같고, 그래서 주눅들고 아무 일도 하고 싶지 않고, 손 하나 까딱하기 싫고, 이런 안 좋은 모습만 나타나지 않습니까?

　이렇게 그동안 다져진 어른도 말을 잘 들어 주지 않으면 안 좋게 나타나는데 하물며 아이들은 어떻겠어요. 아이들은 들어 주기만 해도 좋아합니다. 어떤 문제가 풀리지 않아도 들어 줄 사람이 있다는 것만으로도 희망을 갖고 싱싱하게 자랍니다. 금방 자신감을 갖고 모든 일을 적극적이고 의욕적으로 맞아들입니다. 들어줘서 행복한 아이들입니다."

하면, 들어 주는 마주이야기 교육 방법에 대해 알고 싶다고 합니다.

들어 주는 것을 으뜸으로 하는 마주이야기

아이들은 원래가 사랑스럽고 귀엽고 스스로 하고 싶은 게 많고, 그래서 가만히 있지 못하고 한도 끝도 없이 알아 내려고 하면서 바쁘고 즐겁고 재미있게 자라갑니다. 자신감으로 꽉찬 아이들입니다.

그런데 이렇게 무럭무럭 잘 커가고 있는 아이들을 더 잘 키워준다고 도와 준다고 하면서 너도나도 교육이란 틀 속으로 들여보내고, 틀 속 교육은 잘못된 것을 알면서도 무조건 억지로라도 따르도록 강요하고, 그래서 어른들은 자연스럽게 가르친다고 하면서 자연스럽지 않도록 하고, 자연스럽지 않은 것을 가장 자연스러운 것이라고 우깁니다. 오히려 말벙어리 글벙어리로 만들어 놓고도 대단한 것을 가르친 양 으쓱거리며 만족해 하고 있지 않습니까?

어디서부터 잘못되어 어디로 가는지조차도 모르고 잠시 '교육 이대로 되는가' 하다가도 '나도 모르겠다' 하면서 쉽게 틀 속에 갇힙니다.

이렇게 우리 교육은 잘못 방향을 잡았고 잘못 가는 걸 알면서도 그동안 잘못 간 그 많은 시간과 돈과 정성이 아까워 그대로 또 가게 되고, 그래서 겹겹이 잘못된 교육 속에서 아이들은 돈 내고, 매맞고, 주눅들고, 시들고, 병들고, 죽어갑니다.

이제 들어 주는 것을 으뜸으로 하는 마주이야기 교육은 이런 잘못된 교육으로부터 죽어가는 아이들을 되살리고 무럭무럭 자라게 도우면서, 반대방향으로 가던 잘못된 교육의 방향을 되돌려 겉돌지 않는 교육을 하려는 것입니다.

말을 시키지 않아도, 묻지 않아도 하고 싶어 견딜 수 없어 터져 나오는 아이들 말에서부터 제 길을 찾아가게 될 것입니다.

하고 싶어 견딜 수 없어 터져나온 아이들 말

> **자랑하는 말**

아침에 유치원 차가 도착하면,

"한 줄 기차."

이런 말 안 해도 긴 다리는 먼저, 짧은 다리는 뒤에. 아장아장 잘도 걸어옵니다.

나는 녀석들이 쉴새없이 즐거운 기다림 속에서 유치원생활을 하게 만들고 싶어서,

"세 밤 자면 고구마 캐러 가는 날!"

이렇게 떠벌리며 맞이합니다.

녀석들은 순간 고구마 순 심으러 갔을 때의 시골 동네와 높은 산, 그리고 쇠똥을 퍼다 펼쳐 놓았던 고구마 밭을 더럽다고 안 들어갔던 일이 떠오르나 봅니다.

"고구마가 똥 먹는다."

"수박 · 참외 · 사과도, 배도, 감도, 다 똥 먹는다."

"정말? 나, 그런 거 다시는 안 먹어. 아유 구역질 나, 토할 것 같아."

"똥은 흙이 먹는다."

"지렁이가 먹는다."

"굼벵이가 먹는다."

"땅강아지가 먹는다."

이렇게 고구마 밭에 있는 쇠똥을 보고, 똥 얘기로 시작해서 똥 얘기만 나누며, 똥이 왜 고구마 밭에 있을까에 대해 말싸움을 끝도 없이 벌이던 일이 생각난 듯 서로 눈을 마주 봅니다.

그것도 한 순간, 한 녀석이 나를 툭툭 칩니다. "왜?"하니, 그 녀석은 새 운동화 신은 발로 땅바닥을 꾹꾹 누릅니다. 운동화에서 불이 번쩍번쩍합니다.

"어머, 이거 누가 사 줬어?"

"아빠가 사 줬어요. 태평백화점에서요."

나는 아주 부러워하는 눈빛으로

"나도 우리 아빠한테 저런 거 사달래야지."

하고 그 운동화만 뚫어져라 쳐다보면

"원장님도 아빠 있어요?"

하고 놀랍니다.

"응, 그런데 우리 아빠는 돈 없다고 저런 거 안 사 줘."

하면, '참 너는 안됐다'는 눈빛을 보이는 것도 잠시, 이내 아까보다 더 기분이 좋아져서 엉덩이를 흔들거리며 교실로 들어갑니다.

이렇게 기분이 좋은 녀석도 관심을 가져 줘야지 기분이
더 좋아집니다. 기분 좋은 녀석이라고 자랑하는 것을 그냥
건성건성 들었다면, 아마 녀석은 좋았던 기분마저 나빠졌
겠지요. 이렇게 한 녀석, 한 녀석과 마주이야기를 하며 보
내는데, 또 재승이가 옆으로 비켜서는 것이 아니겠습니까.

"왜? 안 들어가?" 하는 눈빛을 보내니까, 줄 맞춰 들어
가면서 하는 말보다는 좀더 긴 할 말이 있다는 눈빛을 보
내옵니다. 아이들을 다 들여 보낸 후

"재승아, 무슨 말?"

하고 눈을 맞춰 주니까, 아주 자랑스러운 듯이,

"우리 엄마가요. 오늘 유치원 차 내리는 곳에서요, 기다
린다고 그랬어요."

하고는 그 어느 때보다도 행복한 얼굴과 맑은 눈빛을 보내
왔습니다.

"회사는?"

"아파서 못 갔어요."

하면서 교실로 들어갑니다. 재승이의 그런 뒷모습을 보

니 코끝이 시큰하면서 눈물이 솟아납니다.

유치원 차가 동네에 도착하면 어머니들이 동생 손을 잡아끌며 '형 올 시간 됐다' 하면서 차 도착시간에 맞춰 나와 기다리고, 차가 도착하면 반갑게 가방을 받아 주고 손을 잡고, 이렇게 다정하게 걸어가는 그 모습을 뒤에서 아파트 열쇠를 목에 걸고 날마다 보며 가야 했던 재승이!

여기서 꼭 다정하게 걸어가지 않고

"엄마, 철인 FX 28호 사 줘."

"너 그거 집에 많이 있잖아."

"아잉 그건 쌍둥이 로보트가 아니잖아."

"너 로보트가 그렇게 많은데 또 사 달라면 매맞을 줄 알아."

이렇게 야단을 맞으면서 가도 재승이는 더 부러워했을지도 모릅니다. 왜냐하면 그런 투정은 아무한테나 하는 것이 아니고 어머니한테나 할 수 있는 '떼'니까요.

내 친구 가운데는 어떡하다 보니 결혼을 안 한 건지 못한 건지, 정말 멋지게 홀가분하게 살아가는 이가 있는데, 어느날 눈물이 글썽글썽해서

"왜 있지, 엄마가 어디 갈 때 아이가,

'엄마 나도 따라갈 거야.'

'안돼. 엄마 금방 갔다 올게.'

'싫어 잉. 나도 따라갈 거야.'

'안 된다니까, 너 데려 가면 시간 걸려. 빨리 갔다 와야 돼.'

'나 빨리 좇아다닐게.'

'아유 그냥 빨리 집으로 들어가지 못해.'

하면서 뛰어나가면,

'엄마 같이 가, 엄마 같이 가.'

이렇게 기를 쓰고 울면서 좇아나가는 그런 것이 가장 부러워. 엄마 자식 사이에만 있을 수 있는 진한 거니까. 결혼은 안 해도 자식은 있었음 좋겠어."

했습니다. 이 말이 모든 것을 말해 주고 있지 않습니까? 그러니까 다정하게 갔건 야단을 맞으면서 갔건 재숭이는 얼마나 부러웠을까요?

거기다 천둥 번개라도 치는 날은 전화에 매달려,

"엄마 무서워 빨리 와. 지금 와."

하며 울다가 지쳐 쓰러져…… 자면서도 흐느끼고……, 이렇게 했을 재승이. 또 출근 준비로 바쁜 어머니가 정신없이 왔다갔다하며 재승이가 들든 말든,

"재승아, 유치원 갔다 와서 여기 차려 놓은 밥 먹고 밖에 나가지 말고 집에만 있어, 응. 감기 들어서 밖에 나가면 안 돼, 알았지? 밤새 기침했잖아. 모르는 사람 오면 문 절대 열어 주지 말고……"

하며 노래하듯 소리치며 뛰어 나가던 어머니. 재승이는 어머니가 바쁘면 바쁠수록 엄마를 더 붙잡아 놓고 싶고 조금이라도 더 같이 있고 싶어 달려 나가 매달렸겠지요.

"엄마 뽀뽀. 돈 백 원만. 이따 올 때 거미 미니카 사 와. 덤프트럭 사 와. 로봇카 사 와. 철인 28호 사 와."

이렇게 필요치도 않은 돈도 달래 보고, 별로 갖고 싶지 않은 장난감이란 장난감을 다 사 오라고 이름을 대고 또 대도, 어머니는 저만치 뛰어가겠지요. 재승이는 하는 수 없이 잠바를 뒤집어 꺼꾸로 입고, 아무도 없는 빈 집을 뒤로 하며 유치원 버스 타는 곳에 도착했겠고……

"아유 날씨가 춥네. 잠깐! 기사님! 집안에서는 따뜻한

줄 알고, 홑잠바 입혔는데, 나와 보니 춥네요. 겹잠바 좀
갖다 입혀야겠어요. 엄마가 빨리 가서 잠바 갖고 올게."

이렇게 다른 동무들은 어머니들이 언제나 옆에서 보살펴
주는데 재승이만 언제나 혼자였을 것입니다.

그런데 오늘은, 재승이 어머니도 유치원 차 내리는 곳에
서 기다리고 있겠다고 했다는 것입니다. 다른 어머니보다
더 자기를 위해 주는, 이 세상 하늘만큼 땅만큼 좋은 그런
어머니가 유치원 차 내리는 곳에서 틀림없이 기다리고 있
겠다고 했는데, 이 말을 안 하고 어떻게 견딜 수 있겠어요.

"우리 엄마가요. 오늘 유치원차 내리는 곳에서요. 기다
린다고 그랬어요."

나는 얼른 재승이 선생님한테 달려 가서

"재승이 오늘 자랑할 거 있어요. 선생님도 들어보시구
요. 재승이 엄마가 유치원 차 내리는 곳에서 기다리고 있
겠다고 한 말이 유치원 아이들한테 다 퍼지도록 해주자구
요. 아이들이 다 모인 곳에서도 말을 시키지 않아도 묻지
않아도 하고 싶어 견딜 수 없어 터져나온 말을 마음껏 자
랑하게 해 주세요. 시간이 되면 다른 반에서두요. 또 다른

　반에서두요."
했습니다. 동무들 앞에 나가 부끄러운 듯 자랑을 한 재승
이! 무슨 말일까 하던 녀석들은,

　"우리 엄마는 날마다 기다리는데."
　"우리 엄마도 회사 다녀서 못 나와."
　이렇게 재승이 말과 자기들 생활을 견주어보며 한 마디
씩 거듭니다.
　"재승아, 니 말 자꾸 들어도 참 재미있다. 니 말 그대로
글로 써서 저 벽에다 붙여 놓자."
하고 글자를 똑바로 써서 보여 주니 재승이 그 글자를 보
고 말하듯이 쓴 글이니 말하듯이 읽고 그리듯이 글자를 쓰
고 그림도 그립니다. 벽에 붙여 놓으니 다른 아이들이 몰
려 가서 글을 읽습니다. 말하듯이 쓴 글이니까 말하듯이
글을 읽습니다.

　　우리 엄마가요
　　오늘 유치원 차
　　내리는 곳에서요

하고 싶어 견딜 수 없어 터져나온 아이들 말

기다린다 그랬어요

줄을 비켜서면서까지, 다른 애들이 다 들어가기를 기다려서 하고 싶어 견딜 수 없어서 한 말! 정말 재승이가 이 말을 안 하고 어떻게 견딜 수 있었겠어요!

만약에 재승이가 이 말을 하기 위해 애써 "선생님!" 했을 때 가르칠 준비하느라 바쁜 선생님이

"응, 재승아, 이것 좀 오려. 이거 오늘 이야기 나누기 시간에 할 거야."

다 오린 다음 재승이가 하고 싶은 말을 하려고 또 "선생님!" 했지만, 이번에는

"응 재승아, 이 책 해님반 선생님 갖다 드려, 응"

했다면 얼마나 답답했을까?

아마 아침에 유치원 차 타자마자 기사님께도 그 말을 했겠고, 또 같이 다니는 아이들한테도

"우리 엄마 오늘 유치원 차 내리는 곳에서 기다린다 그랬다아."

이렇게 자랑자랑하면서 왔을지도 모르지 않습니까!

하고 싶어 견딜 수 없어 터져나온 아이들 말

　가르치려 들지 않고 들어 줘서 재승이를 즐겁게 한 하루였고, 들어 주는 교육으로 지금까지 겉돌던 말하기 교육이 제 길을 가게 된 날이기도 했습니다.
　말을 시키지 않아도 묻지 않아도 하고 싶어 견딜 수 없어 터져나온 말이 발표 거리가 된 것입니다.

하고 싶어 견딜 수 없어 터져나온 아이들 말

일르는
말

　　　　　놀이터 저 쪽에서 선명이가 나를 보더
니 울음을 터뜨리며 모래밭을 어기적거리
면서 걸어왔습니다.

　　　　'어유 녀석 내가 없었으면 안 울었을 텐
데……'

속으로는 그러면서도 선명이보다 더 억울해 하며

"선명아 왜?"

했더니, 아까보다 더 크게 울며,

"있지요. 원서가요, 내 손을 밟고도요. 미안하단 말도 안
하고요 도망갔어요. 엉엉엉."

"아니 원서 어디로 도망갔는데?"

"저기요."

정말 원서가 미끄럼틀 다리 사이로 이쪽을 살피며 도망
가고 있지 않겠어요.

"선명아, 너 억울해서 이르러 왔지?"

"(더 흐느끼며) 네."

"선명아 니네 선생님한테도 가서 **일러**."

"(울먹이며) 네."

"선명아. 니네 반 애들한테도 가서 말해."

"네."

"선명아, 니네 반 애들한테 가서 꼭 **발표해**."

"예? 발표요?"

선명이는 이르라는 말은 아주 쉽게 알아듣고, 말하란 말까지는 그래도 알아들었지만, 발표라는 말은 알지 못했습니다. 알지 못했다기보다는 이르는 말이 어떻게 그렇게 훌륭한 발표거리가 될 수 있을까 싶었겠지요. 여기서 우리의 교육이 얼마나 잘못된 길을 걸어왔나를 알 수 있지 않습니까?

일곱 살 선명이가 그동안 온 몸으로 받아들인 발표라는 것은, 하고 싶은 말을 하는 것이 아니라, 어른들이 아이들에게 하고 싶은 말을, 바라고 있는 말을, 좋은 말이란 말은 다 끌어다 모아 놓은 말을, 거짓된 말투로 억지로 외워야 하고, 못 외운다고 야단 맞고, 소리가 작아지면 큰소리로 못 하느냐고 또 야단 맞고, 그래서 주눅들어 얼버무리면 입모양 정확히, 발음 분명히 하라고 하고, 지쳐서 하기 싫어하면 바른 자세로 하라고 하면서 다그치기 시작하는 것,

들어 줘서 행복한 아이들

71

하고 싶어 견딜 수 없어 터져나온 아이들 말

정말 뭔지 몰라서 하기 싫지만 선생님이, 어머니 아버지가
하라니까 그냥 할 수밖에 없는 것이 발표라는 것이었지요.
　나는 얼른 주머니에서 쪽지를 꺼내
　'선명이 선생님, 선명이가 놀이터에서 억울한 일 있었어
요. 무슨 일인지 들어봐 주시고요. 아이들이 다 모인 곳에
서도 발표하게 해 주세요.'
이렇게 써서는,
　"선명아 이거 선생님께 갖다 드려."
했습니다. 선생님은,
　"선명아 너 놀이터에서 무슨 일 있었어?"
하고 물었을 것이고, 또
　"예쁜 엄마한테 가는 시간!" 하고 아이들이 가방을 메고
모자를 쓰고 아빠다리, 예쁜 손 해서 조용히 하게 한 다음,
오늘 어떤 일이 있었는지, 내일 어떤 일이 있을 것인지, 하
루를 마무리하고 나서
　"애들아, 선명이가 놀이터에서 억울한 일 있었대. 우리
무슨 일 있었나 들어보자."
하면 아이들은 눈물 콧물 범벅이 되어 있는 선명이를 보면

서 무슨 일일까 빨리 듣고 싶어 할 것입니다. 이때

"선명이 말 듣기 싫은 사람은 유치원 차 타거나 옆방에 가서 노세요."

해도, 한 명도 일어나거나 나가지 않고 선명이한테만 눈길을 보낼 것입니다.

"그럼 선명이 말 듣기 싫은 사람은 떠드세요. 떠들어. 떠들어."

해도 한 명도 떠들지 않고 듣고 싶어 가만히 앉아 있을 것입니다. 여기서 우리는 아이들이 하고 싶어 견딜 수 없어 터져나온 말은 그 또래들이 가장 듣고 싶어하는 말이라는 것을 알 수 있지 않습니까? 그래서 말하기-듣기, 듣기-말하기가 겉돌지 않고 쉽게 하나로 이어지는 것을 알 수 있지요?

선명이가 몸을 비비꼬면서,

"있지이, (원서를 가리키며) 저기 원서가 내 손을 밟고도 미안하단 말도 안 하고 도망갔어."

하면서, 이젠 더 부끄러워 손가락을 입에 넣습니다. 여기서 몸을 비비꼬고 손가락을 입에 넣는 일도 선명이 수준에서는 안 하면 못 견딜 가장 자연스런 몸짓입니다. 앞자리가 낯설고 부끄러워서 그렇게 안 하고는 더 쑥쓰러워 못 견딘다는 말이나 마찬가지니까요. 또 '있지이' 하는 말도 마찬가지입니다. 선생님이

"있지이, 이런 말은 쓸데없는 말이니까 빼고 해 응."

하면, 앞자리가 낯선 선명이는 쓸데없는 말 빼고 하는 게 더 어려워지고, 그래서 꼭 할 말도 다 잊어버리고 쩔쩔맬 것입니다. 그것은 마치 어른들이 '설라무네' '거시기' 이런 말을 꼭 할 말이 빨리 생각나지 않을 때, 생각났어도 말이 입안에서만 뱅뱅 돌고 겉으로 나오지 않을 때 그 순간을 메꾸기 위해서, 꼭 할 말을 하기 위한 시간을 얻기 위해서, 낯선 분위기와 친해지기 위해서, 어쩔 수 없이 하는 줄도 모르고 터져 나오는 입말이나 마찬가지니까 가장 살아 있는 말로 그냥 놔 두는 게 좋습니다. 섣불리 가르친다고 하면서 살아 있는 입말을 죽여 말벙어리를 만들지 말자는 말입니다.

이런 몸짓과 말은 가르치려 들지 말고 들어주는 교육을 하면, 풀려 나갑니다. 선생님이 구경꾼 자리를 지키면 아이는 자연스레 앞자리에 서는 일이 많아질 것이고, 그런

자리 바꿈만이 말하기 교육을 살려낼 수 있습니다.

　여기서 우리의 말하기 – 듣기 교육을 잠깐 짚고 넘어갑시다. 들어 주는 마주이야기 교육에서 가장 으뜸으로 하는 '말을 시키지 않아도 묻지 않아도 하고 싶어 견디지 못하고 터져 나온 말'은 외우지 않은 말입니다. 외우지 않은 말이라야 듣는 사람에게 딱 맞는 말이 됩니다. 말은 듣는 사람이 있어야 합니다. 선명이도 들어줄 사람이 있을 때만 말을 했습니다. 선명이가 나한테, 담임선생님한테 말할 때는 "있지요……" 하면서 듣는 사람에게 딱 맞는 말을 했습니다. 또 또래들 앞에 나가서 말할 때는 "있지이, 저기 원서가 내 손을 밟고도……" 하면서 선명이 말을 들어 주는 아이들한테 딱 맞는 말투와 몸짓으로 했습니다. 그렇게 하라고 가르치지 않았는데도 듣는 사람에게 딱 맞는 말투와 몸짓으로 아주 자연스럽게 해서, 말하는 사람과 듣는 사람이 겉돌지 않고 하나가 됐습니다.

　말하는 사람은 하고 싶은 말을 하고 듣는 사람은 듣고 싶은 말을 들었습니다. 정말 말하듯이 말을 한 것입니다. 그럼 말을 말하듯이 하지 어떻게 하느냐고 하는 사람이 있을 것입니다. 그렇지만 말을 말하듯이 하지 못하게 지금까지 가르쳤으니 하는 말이 아니겠습니까! 말하기(발표하기)를 잘 하게 하기 위해 우리는 지금까지 교육현장에서나 집에서 어떻게 해왔나를 누구보다 잘 알고 있습니다.

외우기. 달달 외우는 것에 매달려 오지 않았습니까! 말하듯이 쓴 글이 아닌 것을 외우면 글말을 하게 되어 자연스럽지 못할 것은 뻔한 일이고, 글자 하나 틀리지 않게 달달 외워 하면 듣는 사람과 맞지 않습니다. 그래서 겉돕니다. 말하는 사람도 힘들고 듣는 사람도 재미가 하나도 없습니다. 이렇게 해서 '듣기 – 말하기' 교육은 처음부터 '말을 시키지 않아도 묻지 않아도 하고 싶어 견딜 수 없어서 터져 나오는 살아 있는 말'은 쓸데없는 말이라고 다 버리고, 어른들이 하고 싶은 말을 아이들이 하는 말처럼 꾸며 달달외우는 거짓교육을 누가 잘하나 경쟁까지 시킨 것입니다.

말벙어리가 되는 교육이고, 잘못 들어선 교육의 길은 여기서 끝나지 않고 얄팍한 거짓 인간을 만들어 낼 수밖에 없었으니 누가 누구를 탓하겠습니까. 또 말벙어리는 말하듯이 글을 써야 하는 길을 막아 서서 이리도 못 가고 저리도 못 가게 해서 글벙어리로 이어질 수밖에 별도리가 없는 답답한 교육 현장이었습니다.

이래서 원래 자연스러운 아이들을 어른들이 만든 교육 틀 속에 가두고 말로는 '자연스럽게 자연스럽게' 하면서 자연스럽지 못하게 가르쳐 놓는 것이 오늘날 우리의 말하기 교육 현장입니다. 그래서 말벙어리 글벙어리들이 답답함을 견디지 못하고 거리를 헤맵니다. 자, 그럼 여기서 '듣기, 말하기'에 대한 이야기는 나중에 '외우지 않고 하는 말하기'에서 자세히 하기로 하고 선명이의 살아 있는 말은 살아 있는 삶을 가꾸는 데 어떻게 이어지나 알아봅시다.

일르는 말은 들어주는 것만으로도 억울하고 분한 마음이 풀어집니다. 이런 말을 강동구에 있는 유치원 원장·교사들이 모인 곳에서도 강연으로 했는데, 다음날 그곳 원장님이 전화로

"정말은요, 우리 유치원 앞 벽에 '이르지 말자' 이렇게 써 붙여 왔었거든요. 그런데 어제 마주이야기 교육방법을 들은 선생님들이 슬그머니 떼어내더라구요."

하면서 마주이야기 선생인 나한테가 아니라 그동안 이르

는 말을 들어 주려 하지 않았던 아이들한테 아주 미안해
했습니다.

또 중국 장춘에 가서 그곳 조선족·한족 선생님들한테도
마주이야기 교육방법을 강연으로 했는데, 다음날 조선족
교장 선생님이 강한 이북말투로

"오늘 아침 선생님들이 모여서는 고져 이제 꼬장질하는
것도 열심히 들어줘야겠다면스리……"

하면서 마주이야기 교육에 대한 감동을 여러 사람 앞에서
하고 또 했습니다.

그러고 보면 우리는 아이들이 이르는 말을 얼마나 귀찮
아 했습니까.

"일르지 말자" 하고 써 붙이기까지 했으니 이렇게 되면
선생님은 계획한 대로 뭔가 많이 가르쳐 편할지 모르겠습
니다만, 그러나 억울하고 분한 아이들은 더 답답하고 분하
고, 때린 아이들, 귀찮게 한 아이들은

"일르는 것은 더 나쁜 거지요."

합니다. 어려서부터 잘잘못이 헷갈리게 됩니다. 이런 헷갈
리는 일은 집에서도 마찬가지입니다.

"엄마, 애들이 때리고 침 뱉고 그래잉."

하면서 울고 들어오면 위로받기는커녕 더 야단만 맞습니다. 이렇게 일러도 일러도 들어 주지 않으면 아이들은 답답해서 우울해지고 다른 어떤 말도 하지 않으려 합니다.

그런데 선명이가 억울하고 분해서 한 말은 처음에 나한테 할 때, 담임한테 할 때, 또 또래들한테 할 때 조금씩 달랐다는 놀라운 사실입니다. 있었던 일은 똑같은데, 또래들한테 얘기할 때는 나한테 할 때처럼 엉엉 울지 않고 웃기까지 하면서 했으니까요.

이렇게 되고 보면 들어 주기만 해도 억울하고 분하고 답답한 문제가 해결되고(정서생활), 또 그뿐만이 아니고 가르쳐서 안 되던 수준 있는 문화국민으로서의 삶의 질을 높이기 위해 펼치는 '고·미·안' 운동인 고맙습니다, 미안해요, 안녕하세요?가(사회생활) 감동교육으로 이어지게 됩니다. 그래서 유치원 이곳저곳에서

"야! 미안하단 말도 못하나?"

"미안해, 미안해."

이런 소리가 들립니다. 어제도 정아가 혜진이를 따라가며

"야, 너 정말 미안하단 말도 못하냐?"

"모르고 그랬는데……."

"너 자꾸 모르고 그랬다고만 하면 다냐?"

"…… 정말 모르고 그랬는데."

"야, 미안하단 말 좀 해봐. 아유 발가락 부러졌는 줄 알았네."

하면서 미안하단 말을 들으려고 악착같이 말싸움을 하는 것을 보았습니다.

이렇게 되고 보면 들어 주는 마주이야기 교육은 이렇게 놓고 저렇게 봐도 우리 생활이 교육이고 교육이 생활인 통합된 교육을 해내고 있음을 알 수 있지 않습니까!

생활과 교육 사이에 필요없던 울타리와 단단하게 버티고 서 있던 벽돌담과 틀을 깨고 보면 겉돌지 않는 교육의 길이 환히 보일 것입니다.

하고 싶어 견딜 수 없어 터져나온 아이들 말

야단 맞고 한 말

아이들이 속상하고 억울해 하는 일은 유치원 또래들과 선생님 사이에만 생기는 일이 아니라 집에서 더 많이 일어납니다.

지애가 다리를 질질 끌며 유치원 길을 마지못해 오고 있습니다.

'아니 무슨 일일까?'

무슨 일로 저렇게 기분이 상해서 축 처져 있을까? 나는 조심스레 지애 가까이 다가가 그 기분에 어울리는 몸짓을 하며

"너 왜 그래?"

"……."

대답 없이 입을 쑤욱 내밀고 울 듯이 나를 쳐다보는 지애에게 나도 그런 모습으로 울먹이며

"나도 오늘 우리 엄마한테 야단 맞았는데."

하고 입을 더 쑥 내밀자, 지애는 자기와 똑같은 사람이 있다는 것만으로도 위로를 받았는지 눈가로 나오던 눈물을 닦고는

"있지이, 치마 입고 싶은데 엄마가 춥다고 이거(바지를

더러운 것 집듯 하며) 입고 가랬어."

합니다. 지애네 집 아침이 눈에 선하게 다가옵니다.

이 추운 날 아침에 어제 어머니가 장농 정리할 때 몰래 감춰 둔 얇은 여름 치마를 입겠다고 떼를 썼을 지애. 집안 이 춥지 않으니 어머니 말을 알아들을 수 없어 더 고집을 피웠겠고, 그렇게 하다

"엄마만 맘대로야"

하면서 바지를 입고 나선 유치원 길.

나도 마침 입고 있던 바지를 지애처럼 잡아당기며

"나도 치마 입고 싶은데 우리 엄마가 춥다고 이거 입고 가랬어."

하니깐 아까보다 훨씬 밝아진 얼굴로 나를 쳐다보았습니다. 나는 얼른

"시잉 뭘 봐"

하면서 그 또래들이 하는 때리려는 몸짓을 하니 이젠 아예 환하게 웃으며 유치원으로 들어갔습니다.

자기와 똑같은, 자기보다 더 속상한 사람이 있다는 것만 으로도 위로가 되나 봅니다. 아이들은 많은 경험을 해 볼

하고 싶어 견딜 수 없어 터져나온 아이들 말

사이가 없었기에 자기 안에서 생각하고 결정하니까 그것이 어른들한테는 고집으로만 나타나는 겁니다.

그래서 그 고집은, 여름에 털구두를 신고 땀을 찔찔 흘리고 있는 녀석이 있는가 하면, 추운 겨울에 여름에 입는 얇은 반팔 드레스를 입고 덜덜 떨면서 돌아다니는 아이들도 있습니다. 그래서 아침이면 집집마다 잠바를 입으라느니 못 입겠다느니 하면서 힘을 빼다 서로 지치는 일이 벌어집니다.

고집 피우는 건 어른도 마찬가지입니다. 아이가 하도 땀을 흘려 옷을 벗겨 보니, 와! 잠바 속에 티셔츠, 그 속에 겨울 내복, 또 그 속에 반팔 러닝. 초여름 접어드는 5월달에 아이가 고집 피워 그렇게 겹겹이 껴입을 리는 없고, 그렇게 땀을 흘리며 견디고 있는 것도 대단했지만 땀 속에서 물러 쓰러지지 않은 것만도 다행이다 싶었습니다. 그러니 아침마다 옷 때문에 고집피우기는 아이 어른 다 마찬가지입니다.

이러니 지애가 아이들 앞에 나가 옷 때문에 속상했던 오늘 아침 일을 발표하면, 듣고 있던 아이마다 옷 때문에 엄

하고 싶어 견딜 수 없어 터져나온 아이들 말

마와 실랑이 하던 어느 날 아침을 떠올리며

"나도 그런 일 있었는데."

"나도."

"나도."

"나도 오늘 이 잠바 엄마가 억지로 입고 가랬는데."

이렇게 어른의 고집으로 답답했던, 하고 싶던 말을 지애가 대신해 준 양 시원한 감동의 물결로 교실이 살아납니다. 지애 입에서 터져 나온 말은 많은 아이들이 듣고 싶던 말이기에 겉돌지 않는 살아 있는 듣기, 말하기 교육으로 아이들을 살리고 교육을 살리는 길로 들어서는 것입니다.

하고 싶어 견딜 수 없어 터져나온 아이들 말

"우리 엄마 아빠, 아침부터 싸워요."

혼자
중얼거린
말

진희는 유치원 아침 첫차를 타자마자 꼭 누군가가 들어 달라고 하는 말도 아닌 듯 창밖 쪽을 보고 앉아 혼자 중얼거립니다. 시키지 않아도 묻지 않아도 들어 줄 사람이 없어도 하고 싶어 견딜 수 없어 터져 나온 말!

그 짧은 말 속에서도 더 하고 싶은 말이 '아침부터'였는지, 그 말이 아주 더 크게 들렸습니다. 싸울 일은 싸워야겠지만 아침부터는 좀 참아보는 것이 어떻겠냐는, 참아야 하는 것이 아니냐는, 아니 아침부터는 절대 싸우면 안 된다는 것을, 그 누구한테 소리 높여 외쳐대고 가르치려 들지 않고 자기만이라도 그렇게 살겠다는 강한 주장이 야무지게 배어 있습니다.

진희 말은 진희가 나한테 주는 말도 일르는 말도 아니었는데도 부담없이 감동으로 다가와 내 삶의 한가운데 자리 잡고 눌러 앉아 아침을 맞이할 때마다 항상 생각납니다.

진희는 나중에 텔레비전 방송국에서 마주이야기 교육방법을 녹화하러 왔을 때도 그때 모습 그 말투 그대로 어쩜

하고 싶어 견딜 수 없어 터져나온 아이들 말

그렇게 잘 해내는지!

그날 저녁 난 저녁밥을 먹다 말고

'아유 어떡하나. 진희 엄마 아빠 아무 것도 모르고 있다가 내일 아침 텔레비전에 나오는 진희 말 들으면 야단날 텐데' 싶어, 진희네로 급히 전화를 해서 이렇구 저렇구 얘기를 하였더니, 진희 엄마가

"안 돼요. 동네방네 소문 나면 창피해서 어떡해요."
하면서 안절부절 못하였습니다. 한참을 듣고 있던 나는

"진희 엄마 뭐가 창피해요. 몸싸움도 아닌 말싸움인데요. 누구는 뭐 말싸움 안 하고 사는 사람 있어요? 또 진희 엄마 아빠가 진희를 잘 키웠으니까 자기가 하고 싶은 말을, 살아 있는 말을 해서 주위를 감동시키지, 다른 아이들은 그런 표현 못해요. 그리고 또 창피하면 이제부터 안 싸우면 될 게 아니예요?"
하면서 진희 어머니 하듯이 떠들었더니,

"아유 알았어요. 엄마 노릇하기 힘드네."
하길래

"우리, 진희 말대로 아침부터는 싸우지 말고 낮, 밤으로

싸우자구요. 네?"
하며 시원하게 웃었습니다.

　앞서 〈가장 가까운 사람이 가장 큰 상처를 준다〉에서도
얘기했듯이 때리는 사람이 제정신이 아니듯 싸우는 사람
도 제정신이 아닙니다. 싸워야 할 정도만 딱 싸우고 끝내
야 하는데, 싸우기 시작할 때부터 제정신을 잃은 사람들은
구경하는 사람들이 봤을 때 아무 일도 아닌 문제로 죽자사
자 달라붙어 서로 상처를 주고, 서로 상처를 받았다고, 또
억울해서 펄펄 뜁니다. 이런 것을 구경하는 아이들은 제정
신이니 미친 듯이 싸우는 어른들의 모습이 얼마나 무섭겠
어요. 금방이라도 무슨 일이 일어날 듯 움츠리고 숨죽여
떨고 있을 것입니다.

　나중에 안 일이지만, 그날 아침 진희는 교실에 들어서자
마자 담임 선생님한테도

　"우리 엄마 아빠 아침부터 싸워요. 제가 싸우지 말라고
하면 '니가 상관할 바 아냐' 그래서요, 그냥 책 봐요."

　이렇게 더 긴 말을 했다고 합니다. 진희 말은 유치원에

하고 싶어 견딜 수 없어 터져나온 아이들 말

서 또래들 말을 한데 엮어 내는 책에도 나오고 《월간 유아》 '어린이 세계' 난에도 실려 많은 사람들을 감동시켰습니다. 그림으로도 그대로 나타내 더 재미있었습니다.

진희 말을 듣고 글을 읽은 그 많은 또래들과 사람들은 진희가 '아침부터는 싸우지 마세요' 하면서 가르친 것이 아닌 만큼 진희 맘속 저 깊은 곳에서부터 말을 시키지 않아도 묻지 않아도 터져 나올 수밖에 없었던 그 깊이 만큼 감동으로 깊이 스며들어 삶을 가꿀 것입니다.

이렇게 진희는 하고 싶은 말 해서 시원하고, 듣는 사람들이 감동하는 것을 보고 또 감동하고 그래서 진희의 살아 있는 말은 진희를, 우리 모두의 삶을 싱싱하게 가꿔 줍니다.

모르는 동네에 가서 길을 물었을 때, 그 동네 사람이 아주 정성껏 자신 있고 친절하게 반대방향으로 가르쳐 주면 어떻게 안 갈 수 있겠습니까? 이렇게 잘못 가고 있는 교육을 '들어주는 것을 으뜸으로 하는 마주이야기 교육' 으로 되돌리고, 말을 시키지 않아도, 묻지 않아도 하고 싶어 견딜 수 없어서 터져나온 아이들의 살아 있는 말과 글로 아이들을 살리고 교육을 살리려는 것입니다.

하고 싶어 견딜 수 없어 터져나온 아이들 말

    교육을 살리려면 들어주는 것을 으뜸으로 하는 마주이야기 교육을 해야 합니다. 그래야만 가르치는 대로 안 되는 아이들, 상처받는 아이들, 가르쳐서 죽어가는 아이들, 말벙어리, 글벙어리로 답답한 아이들을 행복한 세상에서 살아가게 할 수 있습니다. 그러려면 교육기관에서 해 주기를 목 빼고 기다릴 것이 아니라 집에서 어머니 아버지가 들어주는 마주이야기 교육에 푹 빠져 들어야 합니다. 자식을 위해서는 뭘들 못하겠느냐고 하지 않는지요. 들어줍시다. 들어줍시다. 들어주고 들은 말을 공책에다 씁시다.

2 아이말을 중심으로 쓰는
마주이야기 공책 쓰기

- ◎ 어머니 아버지가 하는 숙제
- ◎ 아이와 어머니의 마주이야기
- ◎ 아이와 아버지의 마주이야기
- ◎ 아이가 이끄는 마주이야기
- ◎ 아이들 말을 우습게 아는 어머니들
- ◎ 꾸며서 쓴 마주이야기
- ◎ 안 돼요, 동네 소문나요
- ◎ 말이 바로 글이 된다
- ◎ 마주이야기 공책은 이렇게 활용하자

어머니 아버지가 하는 숙제

마주이야기 교육 방법을 알리러 이곳저곳 다니다 보니 많은 어머니들을 만나게 됩니다. 내가 유치원 선생을 오래 했다고 뭐 뾰족한 수가 있는 줄로 기대하고,

"우리 아이가 여섯 살 됐는데 어떤 유치원에 보내야 할까요?"

하고 묻습니다.

그럼 나는 한 마디도 자신있게 대답을 못하고 머뭇머뭇 우물우물 끙끙댑니다. 어떻게 대답을 해야 한단 말입니까. 잡지책 같은 데 보면 '좋은 유치원 보내기' 소개를 하고 있는데, 현장 깊숙이 들어와 있는 나로서는 그런 대답을 하고 싶지 않기에 말입니다. 어떤 대답도 내 맘에 차지 않을 테니 질문만큼 짧고 쉽게 대답할 수가 없어 "뭘 가르치

나요?" 하고 물어왔을 때처럼 또 쩔쩔매고 있을 수밖에요.

학부모님들이 어린 아이한테 딱 맞는 교육기관을 찾기란 참 어려울 것입니다. 큰 유치원, 작은 유치원, 공립 유치원, 사립 유치원, 병설 유치원, 구립 어린이집, 시립 어린이집, 사립 어린이집, 학원, 선교원, 이런 모든 곳에서 우리는 이런 이런 교육 목표·내용·방법으로 이런 아이로 만들어 놓겠다고 떠벌리니, 가는 곳마다 그럴 듯 싶은 것입니다.

더구나 그렇게 하든 안 하든 좋은 말이란 말은 다 끌어다 조기교육이니 영재교육이니 천재교육이니 하면서 듣기만 해도 질리는 말로 짜깁기 해놓고 말입니다.

거기다가 또 원장님이나 선생님은 하나같이 자신이 최고의 교육을 한다고, 모든 것을 아낌없이 바쳐 한다고 합니다.

모르는 것은 아예 모르니까, 못 가르치고 있는 줄도 잘못 가르치고 있는 줄도 모르니까 그럴 수밖에 없습니다.

그러니 어머니자리에서 그런 질문은 언제고 하고 싶은 말일 것입니다. 그런데 그런 간절한 질문에 시원한 대답을 못하고 내가 하고 싶은 말만 했습니다.

"시설이나 선생님은 기껏해야 1년, 길어야 3년을 맡는데도 그렇게 찾아 다녀야 할 만큼 중요한데, 평생 함께 할 부모님은 얼마나 더 중요하겠습니까. 그럴 리는 절대 없겠지만, 만일 부모 자식간을 뚝 떼어 놓고 선생님이 아이들을 데리고 좋은 부모를 찾아 나선다면 어떤 사람을 찾아 갈 것인지요.

유치원 선택하듯이 한다면 아마 크고 넓은 집에 없는 거 없이 해놓고 사는 사람이 좋은 부모로 보여 그리 몰리지 않겠습니까? 그러면 작고 좁은 집, 갖출 것 다 못 갖춘 집에 사는 사람은 얼마나 할 말이 많겠습니까? 가난하지만 옳고 바르게 산 사람은 뭐 부모 자격도 없느냐는 둥 하면서……

그런 것처럼 유치원 선택 기준도 모르는 사람은 쉽게 말할 수 있겠지만 나는 참으로 말하기 어렵습니다.”

이렇게 말하면서, 이젠 부모님들이 아이를 데리고 다니며 이곳저곳 교육기관을 찾아 헤매고 좋은 영향을 받기만을 기대하지 말자고 호소했습니다. 앞에서도 하고 싶은 이야기를 길게 늘어 놓았지만, ‘어디 교육기관이라고 그렇게 의존할 만하던가요’ 하면서 말입니다.

그러니 이제는 아이의 앞자리를 가로막고 왔다갔다 하면서 정신 없이 앞바라지를 하며 가르치는 데만 열을 올리지 맙시다. 말을 시키지도 묻지도 않는데 터져 나오는 아이들 말을 열심히 들어 주는 뒷바라지를 합시다. 유치원에서 가장 중요한 자리에 있는 학부모가 하는 마주이야기 공책 쓰기에 교육의 모든 희망을 겁시다.

아이 말을 중심으로 해서 마주이야기 공책 쓰기를 하는 것만이 아이 말을 살리고, 글을 살리고, 아이를 살리고, 교육을 살리는 길이니, 아이 말 쓰는 마주이야기 공책 쓰기에 매달립시다.

그런데 항상 그렇듯이 마주이야기 공책 쓰기에 대한 설명이 한마디가 끝나기도 전에 아니 한마디 하기가 무섭게, 단지 써야 된다는 것만으로도 어머니들은 기겁을 합니다. 쓰기 싫어도 억지로 꾸며 써야 했던 고통스런 학교 다닐 때의 글짓기 시간이 떠오르는지, 진저리를 치면서 다음 말은 들으려고도 하지 않고,

"저는 글짓기는 정말 못 해요."

"전 그런 거 쓸 시간 없어요."

"유치원에서 다 해 주면 안 돼요?"

"정말! 마주이야기 엄마들은 할 게 많다면서요?"

하면서 이거 잘못 만난 게 아닌가 하는 불안감이 얼굴에 스쳐 갑니다. 나는 그런 젊은 어머니들에게

"아유, 다섯 살 글자 천재들, 아유 글벙어리들."

하면서,

"아이들은 쓸데없는 말은 단 한 마디도 하지 않습니다. 어른들이 쓸데없는 말이라고 듣지 않으려고 하는 말일수록 아이들은 하지 않으면 안 되는 아주 절실한 말입니다. 이제 이런 말들을 열심히 들어 주는 어른들만이 아이를 행

복하게 자라게 할 겁니다."
하면서 〈들어줘서 행복한 아이들〉을 들려 주고, 내쳐 다음
과 같이 덧붙입니다.

어머니들이 하는 마주이야기 숙제는

◦ 글자만 알면 누구나 할 수 있습니다.
◦ 글짓기 하듯이 하지 말고 어린이를 중심으로 한 마주이야기를 그대로 쓰
 면 됩니다.
◦ 듣는 대로 곧바로 써야지 '이렇게 재미있는 말은 평생 잊지 못할 거야'
 하고 나중에 쓰려고 하면 말할 때 느낌을, 살아있는 말을 담아내지 못하
 고 쩔쩔 매게 됩니다.
◦ 스스로 공부하는 아이, 모든 것에 관심을 갖는 아이로 키우고 싶으면 꼭
 해야 됩니다
◦ 어머니가 쓴 아이 말 속에는 글의 여러 갈래(자기소개 거리, 편지 쓸 거
 리, 일기 쓸 거리, 시 쓸 거리, 생활 이야기(동화) 거리)가 가득 들어 있습
 니다.
◦ 말을 잘하고, 글을 잘 쓸 수 있게 됩니다.
◦ 싱싱하고 자신있게 자라게 됩니다.
◦ 스스로 삶을 가꾸면서 올바르게 살아갈 수 있습니다.
◦ 그러니까 아이 말을 열심히 쓰는 이 숙제는 해도 되고 안 해도 되는 것이
 아니고 누구나 다 반드시 해야 되는 것입니다.

이어서 이렇게 어머니들이 하는 뒷바라지가 교육기관에
서 그 동안 해내지 못한 것을 해낼 수 있다는 데 자식을 위
해서 뭔들 못하겠느냐고 호소하면 조용히 귀를 기울이기
시작합니다.
 "자, 그럼 아이들이 한 말을 들어보도록 해요."

하면서 그동안 엄마들이 쓴 마주이야기 공책을 말하듯이
읽습니다.

■ 성혁이(일곱 살) 어머니

어머니 : 저리 좀 가~. 청소하는데 자꾸 늘어 놓
　　　　 지 말고 빨리.

성　혁 : 엄만 왜 맨날 화만 내.

어머니 : 엄마가 언제 화만 냈어~.

성　혁 : 지금도 화 내잖아.

어머니 : 빨리 니 방에 가서 놀아.

성　혁 : (가만히 바닥을 보고 있다)

어머니 : 가라니까 뭐 하니?

성　혁 : 엄마 착해지라고 기도했어요.

성　혁 : 엄마 키재기 위로 붙이지 마.

어머니 : 정확히 붙여야 키도 정확히 잴 수 있지.

성　혁 : 자꾸 올리니까 내 키가 작아지잖아. (신
　　　　 경질 내며) 어저께는 120에 있었는데 지
　　　　 금 은 110이라고 하잖아. 다시 붙이지
　　　　 말고 그냥 놔.

■ 수원이(다섯 살) 어머니

수 원 : 엄마, 이렇게 손을 움직이면 뼈도 따라해.
어머니 : 왜?
수 원 : 속에 들어 있으니까.

수 원 : 엄마, 사람 몸 속에 피가 들었지?
어머니 : 응.
수 원 : 엄마 피는 누가 넣어 줘?
어머니 : 원래 태어날 때부터 몸 속에 들어 있는 거야.
수 원 : 엄마, 그럼, 말은 아니 우리가 하는 말 말이
         야. 말은 태어나면 병원에서 몸 속에 넣어
         줘?(입을 벌리고 주먹으로 넣는 시늉을 하면서)

■ 여원이 (일곱 살) 어머니

어머니 : (코가 아파서 병원에 다니고 있었는데 하루는 늦어서)
         여원아, 병원에 빨리 가자 끝나겠다.
여 원 : (시계를 보며) 아직 6시도 안 됐는데 벌써 끝나.
어머니 : 병원은 6시까지만 진찰해.
여 원 : 왜 일찍 끝나! 아저씨도 만화 보려고 그러는
         거야?
어머니 : 만화 보려고 그런 게 아니고 병원은 6시까지
         만 하거든.
여 원 : (이상하다는 듯이) 그래도 그렇지. 만화도 안
         보면서.

■ 우식이 (일곱 살) 어머니

우　식 : (밤에 잠자리에서) 엄마 아빠. 나는 이담에 크면은 군대에 안 갈 거야.

어머니 : 남자는 씩씩한 어른이 되려면 꼭 가야 하는데. (엄마 말이 끝나자마자 이불을 뒤집어 쓰고 울며)

우　식 : 싫어, 싫어. 무서워서 안 가. 총으로 쏴야 하고, 밤에 잠도 안 자고 지켜야 하고, 전쟁이 일어나면 내가 제일 먼저 죽잖아. (계속 울먹인다.)

아버지 : (놀리면서) 그래도 가야 하는데.

우　식 : 싫다고 그랬잖아. 절대 안 갈 거야. 엄마 보내지 마. 응응 알았지?

어머니 : 알았어. 그래 울지 마.

우영(동생) : 엄마 나는 갈 거야.

어머니 : 동생이 더 씩씩하네. 그래, 우영이만 군대 가라. 응? 그러면 엄마가 치킨이랑 콜라 사 가지고 면회갈게.

우　영 : 면회가 뭔데요.

어머니 : 응, 찾아간다고.

우　영 : 아아. 그럼 올 때 밀키스도 사 와요.

우　식 : 나도 따라 갈 거야. 알았지 엄마. 나도 치킨하고 밀키스 사 줘. 응.

■ 영균이 (일곱 살) 어머니

(아버지와 초파일날 부처님 모습 앞에서)

아버지 : 너 부처님께 원하는 것 빌어 봐.

영　균 : 예.

아버지 : 뭐라고 빌었어?

영　균 : 아빠는 회사에서 짤리지 말고요, 엄마는
　　　　벌컥벌컥 화내지 말라고 했어요.

아버지 : 엄마가 화 잘 내니?

영　균 : 예. 그리구요, 때리지도 말라고 빌었어요.

　어머니들은 아이들의 말을 들으면서 어마! 어쩜! 정말! 시원하게 웃으면서 지금까지 잊고 있던 아이들 세계로 빠져 들어갑니다. 들어주는 마주이야기 교육을 받아들이려는 마음의 문을 열면서 아이들한테 기고만장했던 자세가 겸손해졌습니다.

　위에 든 보기글은 어떤 특별한 아이들만 하는 말이 아니고 누구든 다 하는 말입니다. 글재주 부리지 않고 아이들 말 그대로 써 온 글을 읽어 보면 감동스럽습니다. 아이들 말은 다 그렇습니다. 감동스럽다고 하면 얼핏 웃음이 터져 나오는 말로 생각하는데, 여기서 감동스럽다는 것은 진실을 말했기 때문입니다. 말을 시키지 않아도 묻지 않아도 하고 싶어 견딜 수 없어서 터져 나온 아이들 말이야말로 하나도 숨김없는 진실이 아니겠습니까?

억울하고, 분하고, 무섭고, 외롭고, 즐겁고……. 이런 아이들 기분이 잘 나타난 말은 다 재미있는 말입니다. 아이들 입에서 터져 나온 말은 다 그런 말입니다. 그러니까 재미있을 수밖에 없지 않겠습니까? 말이 재미있으니까 글로 써도 다 재미있을 수밖에요. 이렇게 되고 보면 원래는 말도 다 잘하고 글도 다 잘 쓸 수 있는 것을 잘못된 교육의 틀이 말벙어리 글벙어리로 만들어 놓은 게 분명해집니다.

그럼 이쯤에서 마주이야기를 열심히 쓰는 어머니 아버지들을 만나봅시다.

아이와 어머니의 마주이야기

■ 채수원(다섯 살) 어머니

6월 22일

(재워 주려는데)

수　원 : 엄마. 할아버지의 엄마는 누구야?

어머니 : 엄마의 할머닌데 돌아가셨어.

수　원 : 우리 사람은 누구나 죽어?

어머니 : 그럼.

수　원 : 엄마두?

어머니 : 엄마도 더 나이가 들면 할머니가 되고, 할머
　　　　니보다 더 늙으면 죽는 거야.

수　원 : 죽으면 돌아가? 그럼 같이 가.

어머니 : 아니야, 엄마랑 같이 가는 게 아니고, 수원이

는 더 커서 형아가 되고, 아빠처럼 되고,
할아버지처럼 되고, 그리고 나중에 늙으면
죽는 거야.

수 원 : 그럼 나 누구랑 살아?

어머니 : 이제 어른이 되면 수원이 부인이랑 살아
야지.

수 원 : 엄마 죽었다가 다시 이리로 와?

어머니 : 아니야.

수 원 : 그럼 나 죽는 거 싫어. 아프면 약 먹을 거야.
이제부터 안 싸우고 착하고 밥 잘 먹을 거야.

어머니 : 그래 그러면 안 아프고 오래오래 살 수 있어.

수 원 : 엄마 우리 오래오래 살자. 엄마, 선생님들
도 화나고 그러면 죽어? 엄마 우리 약을
많이 사 놓자. 그래서 밥 먹고 약 먹고 밥
먹고 약 먹고 하자. 우리 큰 차를 사서, 약
을 많이 사서 나눠 주자. 전부 다. 슈퍼 아
줌마도 주고, 우리 동네 유치원 사람들도
주고, 우리 나라만 죽게 하지 말자. 일본
나라는 도와 주지 말자. 나쁜 사람이니까.

(오늘 밤 수원이는 생각만 해도 슬픈지 눈물을 흘리다가
또 한참을 우울한 표정으로 누웠다가 겨우 잠이 들었다.
슬픈 꿈을 꾸지는 않을는지…….)

7월 10일 월요일

수　　원 : 엄마, 말 잘 들으면 안 돌아가(죽는다)?
어머니 : 그래.
수　　원 : 하느님이 부하들한테 돌아가지 말라 하고 시켜?
어머니 : 그래.
수　　원 : 엄마. 그런데 하느님은 여자도 있고 남자도 있어?
어머니 : 글쎄. 수원아, 하느님은 여잘까 남잘까?
수　　원 : 남자야.

　다섯 살 수원네 집은 유치원에서 아주 가깝습니다. 그래서 날마다 걸어서 어머니가 데려다 줍니다. 수줍어 유치원에서 말을 잘 안 합니다. 아침 인사는 살짝 웃는 것으로 합니다. 목소리도 작고 거기다 말을 안 하니 항상 조용합니다.
　이런 수원이였는데 수원이 어머니가 쓴 마주이야기 공책을 보고 얼마나 놀랐는지, 상상이 안 될 정도로 집에서는 말을 잘하니까 말입니다.
　위 보기글은 수원이가 날마다 한 말 가운데 한 가지만 썼으니까 잘 나타나지 않겠지만 어쩌나 말을 잘하고 재미있는지, 따로 수원이 말 책을 내고 싶을 정도였습니다.
　나는 수원이 마주이야기 공책을 읽을 때마다 읽은 감동을 몇 자씩 꼭 써 드렸습니다. 어머니한테도 쓰고 수원이한테도 썼습니다.

첫번째

수원이 어머니! 마주이야기 공책은 정말 좋은 거네요. 마주이야기 공책이 없었다면 아마 수원이가 집에서 이렇게 말을 잘 한다는 걸 모르고 지냈고, 수원이를 잘못 알고, 그래서 얼마나 잘못된 벽이 쌓이고 그랬을까요. 일요일 오후 수원이 말 읽으며 행복했습니다.

두번째

채수원!

수원이 말 너무너무 재미있다.

수원이가 갖고 있는 동화책보다 더 재미있다. 수원이 말, 밤에 잠 안 자고 읽는다. 지금은 수원이가 콜콜 자고 있을 거야. 새벽 2시 35분이니까.

'불 나오는 칼' 읽을 때는 순간순간 너무 재미있어 숨도 안 쉬고 읽었다.

세번째

수원이가 날마다 쑥쑥 커가는 모습이 말 속에 가득 차 있네. 매미소리 들리는 내 방에서 수원이 말 재미있게 읽었다.

"우리가 하는 말 말이야. 말은 태어나면 병원에

서 몸 속에 넣어 줘?"

"그 노래 처음 배울 때 슬펐지? 동생이니까 울 거야."

"차가 꼬리를 물어?

하는 말 너무 재미있었어. 잊을 수 없을 거야.

네번째

수원이 어머니, 수원이 어머니가 쓰신 마주이야기 공책을 여러 곳에 갖고 다니면서 보여드려 닳고 닳았습니다. 복사해서 갖고 다닐 수도 있지만 더 실감 나는 강의를 준비하다 보니 이렇게 됐습니다.

수원이 어머니, 이 공책 수원이가 커서 글씨 읽을 때 보여주면 자기 말을 얼마나 재미있게 읽을까요? 재미있는 말은 재미있는 글이 된다는 사실을 금방 알 수 있겠지요?

또 이 다음 수원이 색시한테 보여주면 더 재미있을 겁니다. 나도 이렇게 재미있는데 자기 신랑 어렸을 때 말을 읽으면 얼마나 더 사랑스럽겠어요? 그리고 이렇게 사랑으로 정성스럽게 키워 준 시어머니(?)를 더 가깝게 느끼겠지요?

그리고 이 마주이야기 공책, 살아 있는 말이 담긴 이 공책을 대대로 소중히 물릴 것입니다.

이렇게 어머니한테 드리는 말도 쓰고, 글자도 모르는 수원이한테도 쓰고(엄마가 읽어 주실 테니까) 했습니다.

■ 고다연(여섯 살) 어머니

다　연 : 엄마, 내일 다음이 모레지? 그러면 모레
　　　　다음은 뭐예요?

어머니 : 글피지.

다　연 : 그러면 글피 다음은요.

어머니 : 그글피.

다　연 : 그글피 다음은요.

어머니 : 그글피, 그그글피? 아유 모르겠다.

다　연 : 엄마, 그러면 아빠가 엄마보다 똑똑하니
　　　　깐 아빠한테 물어 봐서 가르쳐 주세요.

다　연 : 물개 쇼, 정말 재미있다.

어머니 : 물개가 어떻게 재주를 부렸니?

다　연 : 고리도 잡고요, 박수도 치고요, 숫자 게임
　　　　빼기도 했어요.

어머니 : 물개가 참 똑똑하구나.

다　연 : 글쎄 정말 똑똑하더라구요.

여섯 살 다연이는 외동딸입니다. 태어나면서부터 온갖 것을 다 받아들이면서 자란 다연이는

"엄마, 할아버지는 왜 아들 생일에는 오시고 며느리 생일에는 안 오셔?"

하였습니다. 이 말에 어머니가

"엄마 생일에도 오셔."

했지만, 다연이는 자기가 온 몸으로 받아들인 느낌 속에서 살아갈 녀석입니다. 다연이 어머니는 마주이야기 공책에다 글씨도 아주 시원스레 다연이 말을 열심히 써 나가셨습니다.

다 읽어 보니 6개월 동안 말한 것 가운데 아주 많은 부분이 동생 낳아 달라는 말이었습니다. 다연이 바램이 그대로 나타나 있는 살아 있는 말을 뽑아 이었더니 생활이야기가 되었습니다. 아이가 주인공인 마주이야기로 엮은 생활이야기! 생활이야기에 대한 것은 다음에 자세히 하기로 합시다. 다연이 어머니가 쓴 공책에다 난 이렇게 썼습니다.

다연아! 니말 너무 재미있다. 그림자, 그그글퍼, 물개 쇼. 이런 거 다 참 재미있게 읽었어. 다연아 너 물개 쇼 본 거 엄마한테 말할 때 큰 소리로 떠들었지. 그치. 다음에 다른 사람한테도 물개 쇼 본 것 이야기 할 일 있으면 엄마한테 말할 때처럼 그렇게 하거라. 그래야 물개 쇼 못 본 동무들이나 사람들이 안 봐도 본 것처럼 그렇게 재미있게 들을 테니 말야.

이렇게 내가 하고 싶은 말은 다 씁니다. 감동 받은 것도 쓰고 부탁할 말도 쓰고. 그러면 다연이 녀석 띄엄띄엄 읽다가 어머니한테 읽어 달라고 하면서 좋아 어쩔 줄 모르고 동무들한테 자랑할 것입니다.

▌박재홍(일곱 살) 어머니

어머니 : 준홍아, 복숭아 깎게 칼 좀 갖다 줄래?

재　홍 : (멀리서 보고 깜짝 놀라며)　엄마! 준홍이
　　　　좀 봐. 칼 쥐고 있어.

어머니 : 응, 엄마가 칼 갖다 달라고 했어.

재　홍 : 엄마는! 칼 갖고 오는 건 나한테 시켜야
　　　　지. 동생한테 시키면 어떡해?

우리가 보기에 일곱 살 재홍이는 어리디 어리기만 한데 동생한테는 한없이 큰 형입니다. 칼 심부름은 내가 보기엔 재홍이한테도 위험하니까 안 될 텐데 말입니다. 재홍이가 어머니 야단치는 것도 아주 당당합니다. 급히 나온 말일 텐데……. 이렇게 되고 보면 어머니보다 재홍이가 동생을 더 깊이 보살피는 게 아닐까요? 사실은 누구나 이런데 괜히 어머니들이 입버릇처럼,

"동생하고 사이좋게 놀아. 사랑해야지, 양보해야지."
하면서 형제 사이에 끼여들어 한 말 또 하고 또 하고 해서
좋은 말도 듣기 싫어지게 해서 골을 만들고 벽을 쌓아 금
가게 만들고 있지는 않을까요?

사실 바른 대로 말하자면 재홍이가 어머니를 야단치듯
어른을 야단칠 그런 일은 많지만, 아이들이 야단 맞을 일은
별로 없습니다. 잔소리 들을 일도 없습니다. 그런데도 쓸데
없는 말을 계속 들어야 하는 것은 아이들입니다. 어른들도
서로서로 목소리만 높였지 들어 주는 사람 없는 곳에서 사
노라면 답답하고 주눅들고 시들고 그렇습니다. 그러다 보
니 안 좋은 소리만 터져 나온 것이 잔소리나 푸념입니다.
그 잔소리 푸념을 힘없는 아이들한테만 퍼부어대는 꼴입니
다. 잔소리 피해자는 아이들입니다. 불쌍한 녀석들입니다.

여기서 잠깐 현정이와 어머니 말을 한 번 더 듣고 넘어
갑시다.

현　정 : 엄마! 엄마는 속이 예쁜 게 좋아? 겉이
　　　　　예쁜 게 좋아?
어머니 : 음…… 속이 예쁜 게 좋지.
현　정 : 딩동댕! 맞았어. 엄마, 난 속도 예쁘고
　　　　　겉도 예쁜 사람 될 거야.
어머니 : 그런데 너 그전에 막 떼 쓰고 심술 부릴

때 보면 속이 밉던데?

현　정 : 엄마는! 내가 다 알고 있는 건데, 안 그
　　　　러려고 노력하고 있는데, 엄마 또 그런
　　　　말 하면 나 싫어.

현정이가 시작한 마주이야기는 정말 귀엽고 사랑스럽습
니다. 그 모습이 환하게 보입니다. 그런데 어머니는 하지
않아도 될 말, 하지 말아야 될 말, 이미 훌훌 털어 버렸어
야 할 말, 정말 쓸데 없는 말을 해서 현정이를 숨막히도록
답답하게 만들고 있습니다.

속과 겉이 다 예쁜 사람이 되려고 노력하는 것만도 얼마
나 기특합니까? 그런데 왜 옛날 일은 끄집어 내어 이야기
를 속상하게 만드는가 말입니다. 이런 마주이야기는 어린
이를 시들고 우울하게 만듭니다.

어른들은 거의 다 이렇습니다. 어떻게 보면, 어떻게 하
면 아이들을 주눅들이고 시들게 할까 기회를 엿보는 것 같
습니다. 현정이 어머니는 그래도 말한 대로 그대로 쓸 수
있는 자신감이나 있으니까 이 정도로 솔직히 썼지, 이 정
도도 삶을 가꾸지 못한 어머니들은 드러내 놓고 쓰기가 부
끄러우니까 아예 사실 그대로 쓰는 마주이야기 쓰기를 겁
냅니다. 잠깐 말한다고 하고선 어른들의 잔소리에 대해 너
무 길어졌습니다.

아이와 아버지의 마주이야기

■ 채수원(다섯 살) 아버지

아버지 : 수원아. 물, 컵에다 먹어야지.

수　원 : 아빠 저번에 물 이렇게(생수병째 먹음) 먹
　　　　은 거 나 다 봤어.

아버지 : 그래서 지금 아빠 따라 하는 거야. 너도?

수　원 : 그래, 아빠. 난 못하게 하면서 아빠만 하냐?

　수원이네는 참 따뜻한 식구들입니다. 아버지가 아이들을
위해서 넉넉히 시간을 내는 듯합니다. 저녁에 온 식구가 함께 누나 학교 준비물을 사러 문방구도 같이 가고, 또 놀이터 같은 데서 함께 시간을 보내는 것이 종종 내 눈에 띕니다. 그런 아버지니까 수원이가 하고 싶은 말을 다하고 큽니다. 아버지가 "물, 컵으로 먹어" 했을 때 수원이처럼 하고 싶은 말을 말대꾸한다고 야단맞을까 봐 못하고 속말만 '아빠는' 그렇지 않으면, '자기는' 하고 크는 아이들도 많으니까요.

▌ 이관형(여섯 살) 아버지

아버지 : 관형아 뭐 하니? 응아 하니. 닦고 있니?

관　형 : 응아 해요.

아버지 : 관형아, 빨리 해. 아빠도 응아 해야 돼.

관　형 : 그럼 들어오셔서 신문지 깔고 하세요.

★ 관형이와 아버지는 가끔 응아 하는 시간이 같을 때 관형 이가 목욕탕에다 신문지를 깔고 했다.

식구끼리만 할 수 있는 마주이야기가 관형이네 집 분위 기를 다 드러내 줍니다. 한없이 포근합니다. 걱정이 없습 니다. 힘들 일이 없습니다. 문제가 없습니다. 이렇게 살아 있는 말을 읽을 수 있다는 것이 행복했습니다.

급할 것 없이 똥을 편하게 누는 관형이가 그래서 더 튼 튼해 보이고 싱싱해 보입니다.

■ 김우식(일곱 살) 아버지

(텔레비전을 보면서)

아버지 : 우식아! 씩씩한 군인 아저씨 좀 봐라.

우　식 : 싫어요. 무서워요. 군대 안 간다고 했잖아.

아버지 : 그럼 어떡하지. 군대 안 가면 아빠가 경찰
　　　　 서에 잡혀 가는데.

우　식 : 그럼 이렇게 하면 되겠네요.

아버지 : 어떻게?

우　식 : 아빠가 내 대신 군대에 가면 되겠다. 지금
　　　　 가세요. 내 대신에. 내가 커서 가면 아빠
　　　　 는 할아버지 되니까 지금 빨리 갔다오면
　　　　 되잖아요.

　앞에서 우리는 우식이가 군대 안 가겠다고 한 말을 읽었습니다. 사실 우식이 같은 착한 녀석이 그런 말을 하지 않고 어떻게 견딜 수 있겠습니까? 우식이 같은 생각을 갖는 아이들이 겁쟁이로 몰리지 않기를 간절히 바라면서 우식이 말을 들었습니다.

　전쟁·군인·싸움. 이런 거 우리가 지금하고 있는 교육과 이어지지가 않습니다. '사이좋게 지내라. 싸우지 말아라' 하고는 싸우지 않겠다는 어린 것에게 싸움을 강제로 시키는 꼴이 됐으니 나도 헷갈립니다. 전쟁·군인·싸움 이야기가 나왔으니, 다음 이야기를 들어봅시다.

▌ 장혜은(여섯 살) 아버지

혜　은 : 군인은 뭐 하는 사람이야?

아버지 : 나라를 지키는 사람.

혜　은 : 왜 나라를 지켜?

아버지 : 나쁜 나라 사람들이 우리나라 쳐들어 올
　　　　 까 봐.

혜　은 : 우리나라 군인하고 북한 군인하고 마음이
　　　　 달라? 그래서 싸우는 거야?

아버지 : 응.

혜　은 : 그래도 착해야지.

아버지 : 우리나라를 빼앗으려고 하는데?

혜　은 : 그래도 참아야지.

아버지 : 그러면 우리 나라가 없어지는데?

혜　은 : 그래도 양보해야지.

어려서부터 끝도 없이 듣고 자란 착해야지, 참아야지, 양보해야지란 말을 어른들한테 되돌리는 혜은이한테 누가, 어떤 어른이, 어떤 선생님이, 어떤 잘난 사람이 할 말

이 있겠습니까? 전쟁·싸움은 피해자만 남는다는 것을 뻔히 알면서도 싸움은 계속되는데…….

소리만 높은 교육, 비뚤어진 교육을 혜은이의 맑은 눈은 하나도 빠짐없이 보고 듣습니다. 그리고 우리의 갈 길을 분명히 말하고 밝혀 줍니다. 나는 요즘 싸움을 걸어오는 사람에게는 혜은이 말에 매달려 살고 있습니다. 어떤 일이 있어도 착해야지, 참아야지, 양보해야지를 하니까 견딜 수가 있습니다. 내 스스로 생각해도 기특할 정도입니다.

아이들 말을 들어보면 지금까지 어른들 말로 해결이 안 되는 여러 가지 문제가 쉽고 재미있게 풀려 나갑니다. 귀엽고 깜찍하고 사랑스러운 말이 그저 감동으로 이어지는 나날입니다. 아이들 말이 내 정신세계를 이끌어 줍니다. 하나도 아프거나 역겹지 않게 쓰다듬어 주고 다독거려 주고 깨끗이 닦아 주며 이끌어 줍니다. 다시 태어나고 만들어지는 기분입니다.

이제 겉돌던 교육 속에서 의지할 데 없이 서로가 외롭던 우리 어린이, 학부모, 교사 모두가 귀가 따갑도록 듣던 전인교육이 뭔지, 아동중심 교육이 뭔지, 문학이 왜 전인교육 속에 깊이 스며들어야 하는지를 어슴푸레 알 것 같습니다.

아이가 이끄는 마주이야기 쓰기

우리가 지금부터 이유 없이 꼭 해야 하는 '마주이야기 공책 쓰기'는 우리 아이들 스스로 옳고 바르게 자라도록 하기 위해 우리 어른이 할 일을 하려는 것입니다.

그러기 위해서 우리는 아이들이 애써 가꾸는 삶 속에서 그대로 나타나는 '말'에 아낌 없는 박수와 감동을 보내며 들어주고, 또 들어주고, 마주이야기를 씁니다.

아이들 입에서 터져 나오는, 그러니까 그 많은 말 가운데서도 아이가 이끄는 말을 중심으로 써야 합니다. 아이가 주인공인 마주이야기를 써야 합니다. 그런데 마주이야기 공책을 읽다 보면 엄마가 주인공인 글을 가끔 보게 됩니다.

아 이 : 엄마, 왜 해가 지는 거야.

어머니 : 응 지구가 자전하기 때문이지.

아 이 : 자전이 뭔데?

어머니 : 자전이라고 하는 건 밤과 낮이 생기게 하는 거야. 또 하루하루가 지나가는 것도 지구의 자전 때문에 생기는 현상이야.

아 이 : 그럼 엄마. 밤이 되면 왜 어두워져요?

어머니 : 해는 동쪽에서 떴다가 서쪽으로 지는데 해가 모습을 감추게 되면 밤이 되어 어두워지는 거란다. 그리곤 달이 떠오르게 되지.

이 아이와 그 어머니가 쓴 마주이야기를 읽어보면 흠잡을 데 없이 자상한 어머니입니다.

내가

"어머니가 주인공인 마주이야기네요."

하니까, 어머니는

"교육이론서를 읽어보면 아이가 질문하는 즉시 자상하게 대답해 주라고 돼있던데요."

합니다. 그렇습니다. 교육이론서에 그렇게 되어 있습니다. 그런데 또 다른 교육이론서에는 묻는 말에 자상하게 대답해 주는 것도 좋지만 아이 스스로 이런 저런 과정을 거치면서 알아가도록 마주이야기를 하는 것이 더 좋다고 되어

있습니다. 그러니까 아이가 묻고 아이가 이야기를 이끌어
나가도록 하자는 얘기입니다.

아　이 : 엄마 왜 해가 지는 거예요?
어머니 : 글쎄 왜 해가 질까?
아　이 : 엄마도 왜 해가 지는지 몰라요?
어머니 : 응, 이따 아빠 오면 여쭤 보자.
(왜 해가 지는지 알고 싶은 채 밖에 나가 놀다가 해가
진 후 집에 들어온 녀석)
아　이 : 엄마! 왜 해가 지는 줄 알아요? 그건요 밤이 돼
　　　　 서 해가 집으로 자러 가는 거예요. 나도 자러
　　　　 들어왔고, 동무들도 다 자러 들어갔잖아요.

　어차피 그 나이 또래들한테 자전이 뭔지, 아무리 설명을
해도 알아듣지 못할 것이고, 제 나이에 맞게 스스로 알고
싶은 만큼 알아가는 것이 그 또래들한테 가장 맞는 교육이
라고 봅니다.
　그러니까 마주이야기를 하는 식구들은 아이한테 '말' 할
수 있는 시간과 자리를 될 수 있는 한 많이 줘야 할 것입
니다.
　다음은 남해바다 냄새가 물씬 풍기는 통영에 사는 은동
이와 그 어머니의 마주이야기를 들어 봅시다.

은 동 : 엄마! 왜 여자는 꼬치(꼬추)가 없노?

어머니 : 여자는 애기를 낳아 길러야 하니까 젖이 달려 있
고, 남자는 튼튼해야 하니까 꼬치가 달려 있제.

은 동 : 여자는 젖도 달려 있고 꼬치도 달려 있으면 안
되나?

어머니 : 은동아! 여자가 젖도 달고 꼬치도 달면 무거워
서 어찌 다 달고 다닐 끼고.

내가 은동이와 그 어머니의 마주이야기를 여러 사람들한
테 들려주면 참 재미있어 합니다. 경상도 사투리를 살려서
하느라고 하면 어설퍼서 그런지 더 재미있어 합니다. 언제
나 그렇듯이 말을 들려줄 때나 글을 읽어 줄 때 감동적인
부분에서 반응이 오지, 아무 때나 웃고 울지는 않습니다.

내가 지금까지 30여 편의 보기글을 들었는데 보기글을
말할 때마다 아이가 말한 부분에서 어쩜! 하면서 조용히
감동하거나 웃고 울곤 했습니다.

그런데 위의 은동이네 마주이야기에서는 언제나 어머니
가 한 말,

"무거워서 어찌 다 달고 다닐 끼고"

하는 말에서 웃음바다가 되었습니다.

그러고 보면 재미있는 마주이야기임에는 틀림없지만, 어

머니가 주인공인 마주이야기입니다. 그 말은 은동이가 한 말이 아니고, 어머니가 한 말이니까요.

아이가 가꾸는 삶에서 터져 나온 말에 아낌 없는 박수와 감동을 보내 잘 자라도록 하기 위한 것이 마주이야기 교육입니다. 들어주는 마주이야기 공책 쓰기는 아이가 주인공인 마주이야기를 쓰도록 합시다.

아이들 말을 우습게 아는 어머니들

아이들은 말을 잘 하는데, 아이 말을 쓰지 않는 어머니들이 있습니다. 재미있는 말을 하는데도 못 썼다고 미안해하는 어머니가 있는가 하면, 바빠서……, 그렇지 않으면 아이들이 날마다 하는 그 많은 말이 무슨 글까지 쓸 거리(가치)가 되느냐는 어머니도 있습니다. 그걸 써서 뭐 하겠느냐는 듯이 말입니다.

아이들이 하는 말을 쓸데없는 말로 아주 업신여기면서 그런 게 뭐 공부에 들어가느냐고 하는 분도 있습니다.

마주이야기를 알리려는 내 말은 들으려고도 하지 않고 그저 오로지

"글자 가르쳐요?"

"숫자 가르쳐요?"

하면서 어머니 학교 다닐 때 줄 그어 놓고 이쪽은 공부, 저쪽은 노는 거 한 것 가운데서 공부 쪽만 골라서 해 달라고 조릅니다. 신기한 것은 돈 내고 매맞고, 그래서 주눅들고 구경꾼 노릇만 한 유치원이나, 학교 공부를 하나도 문제삼지 않고, 너그럽게도 귀하다는 자식을 그 속에 도로 집어넣으려는 것입니다. 그러니까 어려워서 재미없는 것, 제 또래보다 어려운 것을 하면 공부고, 또 그런 것을 참고 견디며 해야지 훌륭한 사람이 되는 것으로 아예 익숙해져 있고 굳어져 있습니다.

쉽고 재미있는 것, 아이한테 맞는 것은 공부가 아니고 그것은 노는 것밖에 될 수가 없고, 그렇게 노는 것만 하다가는 언제 따라가고 앞서겠느냐고 하면서 말입니다. 공부는 아이를 닦달하는 것으로만 알고 있던 어머니에게 반대로 아이 말을 쓰라고 닦달하니 영 듣기 거북해 하면서 모처럼 큰소리 치고 살 어머니자리를 뺏긴 것처럼 제자리를 잡지 못합니다.

유치원에서 시작한 마주이야기 교육은, 앞에서도 말했지만, 집에서 더 생활 속에 깊숙이 배어야 합니다. 유치원에서야 기껏해서 1·2년, 그것도 낮, 하루의 반만 보내지만 가정은 평생 사는 곳이 아닙니까?

그래서 집에서도 들어 주는 것을 으뜸으로 하는 생활을 하게 하기 위해 선생님들은 팔을 걷어붙여야 합니다. 아이

둘레를 좋게 더 좋게 만들어 주는 일이 지금까지 가르쳐서 안 된 모든 문제를 해결해 줄 테니까요.

"소희야. 너만 마주이야기 공책 안 갖고 왔어. 엄마가 니 말 쓰는 마주이야기 공책, 니 말 쓰는 공책 말야 니 말. 엄마 한테 니 말 꼭 써 달래서 갖고 와 응. 알았지?"

하면서 아이를 공부하라고 닦달하는 게 아니라 어머니를 닦 달하라고 시킵니다.

또 전화로도

"소희 어머니, 소희 말한 거 그대로 써서 보내 주세요. 아이들 말 속에는 있었던 일, 보고 듣고 느끼고 생각하고 경험한 일이 있어서 엄마들이 아이들 말 쓴 것 갖고 도와 주면 말도 재미있게 하고, 또 참 재미있어 하면서 들어요."

이렇게 숙제 안 하려고 이리 빠지고 저리 빠지려고 하는 어머니를 몰아붙이면 며칠 후 마주이야기 공책이 옵니다.

펼쳐 보니,

"엄마, 이거 써 줘."

"……"

"엄마, 이거 내 말 써 줘."

"알았어."

"엄마 이거 말야. 여기에다 내 말 써 줘. 응."

"(텔레비전을 보면서) 알았어어."

"엄마아, 여기다 내 말 써 줘. 지금 바로 써 줘."
"(텔레비전 보면서) 알았다니까."
"엄마 텔레비전 그만 보고 내 말, 내 말 써줘. 내 말."
"아이구 알았다. 알았어."

이렇게 소희는 어머니한테서 노래하듯 내 말 써 달라고 조르고 조르면서 '내 말은 글이 된다' 는 사실을 더욱 알게 됐고, 저녁이면 텔레비전에 빠져 살고 낮이면 전화에 매달려 살던 엄마를 식구들한테로 돌아오게 했습니다.

소희 말에서도 알 수 있듯이, 아이들은 말을 할 때 정성 껏 들어 주지 않으면 말이 겉도는 것을 금방 알아차립니다. 말하고 확인하고 또 말하고 알아들었나 확인하고 하면서 답답해 합니다. 계속 건성건성 들으면, 들어 줄 사람이 없으면, 외롭고 쓸쓸하고 울적해 합니다. 이런 것이 되풀이되면 끝내 아이들은 말을 잃어 버립니다. 말을 아주 안 합니다. 어떤 말도 안 합니다. 나중에 급해져서

"왜 말을 안해. 말해 봐 응? 엄마한테는 어떤 말이라도 다 해 응? 엄마가 다 해결해 줄 테니까."
하고 애원을 해도 말을 하지 않고 살아 왔던, 말을 들어 주지 않았던 긴긴 세월만큼 입을 열려고 하지 않습니다.

어려서부터 열심히 들어주고 또 들어 주고 감동하는 것이 삶 깊숙이 스며 쌓이고 쌓여야지만 풀어질 일입니다.

꾸며서 쓴 마주이야기

창 섭 : (설거지를 하고 있는 어머니에게)
　　　　엄마 엄마, 사람 몸 속에 바람 있지요?

어머니 : ······.

창 섭 : (답답해 하며) 아유 엄마, 사람 몸 속에 바
　　　　람 있어요 없어요?

어머니 : 없단다.

창 섭 : 있어요. 사람 몸 속에 바람 있어요. (입김
　　　　을 내뿜으며) 하하아-. 밖에서 바람이 들
　　　　어갔다가 또 몸에서 나오는 거예요.

　나는 창섭이 어머니가 쓴 마주이야기를 살펴 읽고는 시
원시원한 창섭이 어머니이기에 다른 어머니들이 다 모인

자리에서

"창섭이 엄마, 창섭이가 바람 있어요 없어요 하고 물었을 때, 정말 교양 있고 자상한 엄마처럼 '없단다' 하고 대답했어요 안 했어요?"

하니까, 창섭이 어머니와 다른 어머니들 모두 "하하하" 하면서 눈물이 나도록 웃는 것으로 대답을 해 줬습니다.

어머니들이 쓴 마주이야기 공책을 읽다 보면 아이들이 한 말은 그대로 썼는데 어머니들 말은 '단다' '구나' '렴' '라' 하면서 너무나 교양 있고 자상한 어머니 말을 써 놓는데, 정말 그런 말을 해서 썼는지, 그런 말을 하지도 않으면서 글은 그렇게 써야 되는 것으로 아예 굳어졌는지, 아리송한 그런 글을 많이 읽게 됩니다.

성　현 : 엄마. 내 생일이 3월달에 지났는데 왜 4월에 또 돌아와요. 원래 자주 돌아오는 거예요?

어머니 : 3월 29일은 양력, 4월은 음력이란다. 달력에 음력, 양력이 있듯이 생일도 음력, 양력이 있단다. 그래서 1년 가운데 생일이 두 번일 수도 있단다.

성　현 : 네에.

어머니 : 생일은 이 세상에 처음 태어난 날이기도 하고, 엄마 아빠가 제일 기쁘기도 한 날이란다.

정　환 : 엄마! 민들레꽃은 노랗지요.

어머니 : 그래. 개나리꽃과 같은 노란색이구나.

정　환 : 그런데요, 엄마! 민들레꽃은 늙으면 머리
　　　　가 하얗게 되지요?

어머니 : 그래. 후- 불면 바람에 다 날아간단다.

정　환 : 그럼 엄마! 사람도 늙으면 머리가 하얗게
　　　　되어 빠지는 것과 같네요.

어머니 : 그래 정환이가 좋은 생각을 했구나.

　어머니들만 그런 게 아니라 교사들이 쓴 글을 봐도 마찬가지입니다. 정말 아이들과 그렇게 자상하게 말을 했는지, 그렇게 말을 안 했어도 여러 사람이 보는 글에는 그 정도는 꾸며 써도 된다고 생각하는지, 말은 그렇게 하지 않아도 글은 그렇게 써야 되는 것이라고 생각이 잘못 굳어진 것인지 모를 일입니다. 아무튼 나는 아이들과 그런 투의 말을 하지 않고 내가 아는 선생님들도 유치원 생활 말에서 '구나, 단다, 렴'과 같은 말은 쓰지 않는 것으로 알고 있습니다.

　말은 그렇게 하지 않았어도 글은 그렇게 써야 되는 것으로 굳어진 것도 다 우리 말을 살려 쓰지 못한 동화작가들이 쓴 글 때문이 아닌가 합니다. 어느 동화를 보든 어머니(할머니, 아주머니)는 으레 따뜻하고 자상하고 교양 있게 나

교사 : 옛날에 복조리는 밥을 할 때 꼭 필요한 도구
였단다.

유아 : 밥을 할 때 어디다 사용했어요?

교사 : 쌀 속에 돌이나 딱딱한 것들이 들어 있어도
조리로 이렇게 하면서 씻으면 돌멩이 같은
것이 아래로 내려가서 골라낼 수 있었단다.
그럴 때 쌀을 일어준다고 했단다.

유아 : 그런데 복조리는 왜 매달아 놔요?

교사 : 새해에 복이 많이 들어오라고 복조리를 만
들어서 걸어놓는 풍습이 있었단다.

교사 : (주걱을 보여주며) 이게 무엇인지 아니?

유아 : 그건 알아요. 주걱이지요.

교사 : 그래 주걱이라고 하는데 무엇하는 데 사용
할까?

유아 : 밥을 뜰 때 사용해요.

교사 : (징을 보여주며) 자 이게 뭘까? 누가 한번 쳐
보겠니?

유아 : 저요. 제가 쳐 볼께요.

유아 : 혹시 농악놀이할 때 쓰는 악기 아니에요?

유아 : 꽹꽈리죠. 선생님?

교사 : (한번 쳐 보이면서) 무슨 소리가 나는지 들어
보렴.

“여기가 현관이야.”

하고 생쥐는 말했지.

　“아아, 그래.”

하고 꿀벌들은 말했**단다**.

　생쥐는 허리가 닿는 데까지 진흙탕 속으로 걸어
들어 갔어.

　“여기가 거실이야.”

하고 생쥐는 말했지.

　“아아, 그래.”

하고 꿀벌들은 말했**단다**.

　생쥐는 턱이 닿는 데까지 진흙탕 속으로 걸어 들
어 갔어.

　“여기가 침실이야.”

하고 생쥐는 말했지.

　“아아, 그래.”

하고 꿀벌들은 말했**단다**.

　“이제 잠 좀 자야겠다.” 하고 생쥐는 말했지.

　생쥐는 진흙탕 속으로 머리를 쑥 집어넣었**단다**.

옵니다. ‘**단다, 구나, 렴**’ 하면서.

　이렇게 동화에서 받은 영향은 ‘**단다, 구나, 렴**’ 뿐만 아니
라 삶과 겉도는 말들이 교사·어머니들한테 그대로 이어

꾸며서 쓴 마주이야기

져 말과 글이 함께 하지 못하고 따로따로가 됩니다.

　더 심각한 것은, 아이들이 책에 나오는 어머니는 하나같이 천사 같은데 우리 어머니는 그렇지 못하다고 하면서 움츠러들고, 또 말하듯이 글을 쓰는 정직한 글을 쓰지 못하게 되고, 끝내는 글벙어리로 답답하게 살아가게 된다는 점입니다. 그러니 아이들 삶과 겉도는 그런 글은 이제 그만 쓰던가, 그렇지 않으면 멀리서 아이들을 지켜볼 것이 아니라 아이들과 함께 부대끼며 살아보고 써야 할 것입니다.

안 돼요, 동네 소문나요

살아 있는 말을 들어 주는 마주이야기를 하다 보면 가끔 부딪히는 일이 있습니다. 진희가 "우리 엄마 아빠, 아침부터 싸워요"라고 한 말을 텔레비전 방송국에서 녹화했을 때 진희 어머니가 알고는 "안 돼요. 동네 소문나요" 하면서 처음에는 부끄럽다고 펄펄 뛰었는데, 막상 드러나고 보니 감출 일도 아니라는 것을 쉽게 받아들였습니다.

말싸움 정도 하고 딸한테 혼나기는 했지만, 안 싸우면 진희가 절대 그런 말 할 리가 없으므로, 그런 삶을 가꿀 마음을 먹게 되었으니 더 잘된 일이 아니겠습니까?

또 예지가 엉엉 울면서

"쟤가요, '야, 손톱 뾰족한 애야' 하고 놀렸어요. 바람이 세게 불어서요, 문이 닫혀서요, 내 손가락이 잘렸는데요,

자꾸 풀러 봐서요, 이렇게 됐는데요, 놀리면 내 맘이 어떻겠어요."

놀리는 것이 얼마나 마음을 아프게 하는지 아느냐는 살아 있는 말을 녹화했는데, 녹화차가 막 떠나려는데, 담임이 헐레벌떡 뛰어와서는

"예지는요, 예지 말만 내보내고요, 잘린 손가락은 내보내지 말아 주세요. 네? 아무리 생각해도 편치 않을 거 같아요."
하면서 애원을 하였습니다.

또 유치원 원장님과 선생님을 위한 마주이야기 강좌에서

(정아가 입학하고 다음날 집에 들어서며)
"엄마! 엄마, 나 화났어. 글쎄 우리 선생님이 나보구 '얘, 안경 쓴 애. 안경 쓴 애야' 하고 불렀어. 우리 선생님이 내 이름 모르나 봐."

(형준이가 유치원 야영을 다녀와서)
"엄마, 야영에서는요, 밤에 밥도 안 줘요. 밤에 먹는 밥 말이에요. 배고파 죽겠어서 잠도 안 왔어요. 선생님 보고 '배고파요' 했는데도요, 그냥 자라고만 했어요."

정아와 형준이가 유치원 생활을 집에 가서 하는 말을 들은 다른 원장님께서,

　"유치원 안 좋은 일이 다 드러나네요."
하고 걱정을 했습니다. 나는 그때

　"어차피 아이들 집에서나 동네에서는 다 아는 일인데 유치원에서만 몰랐던 일이지요. 다 아는데 유치원만, 선생님만 몰랐던 걸 알게 되었으니 다행이지요. 또 정아의 말을 들은 담임 선생님과 다른 선생님들은 정아의 말에 감동을 받아 아이들에 대해 더 많이 알고 이름도 더 다정하게 불러 주려는 다짐을 하게 되었으니 어느 지도 교수님 말보다, 원장님 말보다, 더 강하게 받아들여졌는데, 나쁠 게 아무것도 없지요.

　또 배고파 죽겠어서 잠이 안 왔다는 형준이 말도 단체생활에서 밥을 따로 줄 수도 없지만, 또 밤 늦게 먹여 체해 고생시키는 것보다 그냥 배고픈 게 더 낫다는 것은 누구도 다 아는 일이지 않습니까?"
하면서, 우리가 최선을 다한 일은 감출 것도 없으니 자신감을 갖고 더 열심히 아이들을 위해 유치원을 가꾸어 나가자고 했습니다.

말이 바로 글이 된다

다섯 살 주형이와 일곱 살 태곤이의 아버지는 저녁이면 곧잘 어머니가 쓴 마주이야기 공책을 펼치면서

"오늘 우리 아들들이 무슨 말을 했나. 어디 보자."

하면서 큰 소리로 읽어 준다고 합니다.

> "형! 우리 어디서 태어났지?"
>
> "어디서 태어나기는? 엄마 배에서 태어났지."
>
> "아니다. 목동 아파트에서 태어났다."
>
> "엄마, 내가 형 됐뜨(으)면 좋겠어."
>
> "왜?"
>
> "내가 형한테 형! 안 하고 야! 하고 싶어서."

"엄마, 자전거 타고 올께요."
"햇볕이 너무 뜨거우니깐 지금 타면 안 돼."
"그러면 얼굴이 까맣게 타요?"
"그래."
"테두(세수)해도 안 지워져요?"

하하하 주형이 말 읽으면서 혼자 여러 번 웃었어
요. 주형이 말 속에 주형이가 커가는 소리가 가득
들어 있어요. 오늘 아침에도
"주형아. 주형이 형한테 야! 하고 싶어?"
했더니, 고개를 갸웃거리면서 좋아하더라구요. 집
에서 엄마한테 한 말인데 어떻게 알고 있느냐는 듯
이요.

11월 30일 담임 정여진

주형이 아버지는 담임 선생님 글까지 다 읽고는, 녀석들
을 번갈아 안아 주며,
"태곤이·주형이 말 글로 쓴 거 읽으니깐 더 재미있네.
선생님도 주형이 말 재미있게 읽었다고 썼네."

하면서 즐거워했다고 합니다.

이렇게 형 말과 자기 말을 어머니가 열심히 쓰고, 또 저녁에 아버지가 와서 재미있게 읽는 것을 보며 자라는 다섯 살 주형이는 이미 말은 글이 된다는, 그것도 아주 재미있는 글이 된다는 사실을 알고 마주이야기 공책을 꺼내 오며

"엄마, 형아 부탄(부산)갈 때 '나도 따라갈 거야' 했던 것도 여기 쓰세요."

하더랍니다.

다섯 살 하연이 어머니는 하루 일을 마치고 커피 한 잔을 타서 마시며 뭘 쓸까 하면서 마주이야기 공책을 펼쳤습니다.

그런데 그 공책이 뭐 하는 줄을 아는 하연이가

"엄마, 뭘 걱정해. 내가 아까 옆집 아줌마 왔을 때 한 말 써. '엄마! 아줌마는 날씬해서 예쁜데, 엄마도 살 좀 빼 살 좀.' 이렇게 한 말 써. 빨리."

하연이 어머니는 어린 하연이가 부르는 대로 받아쓰면서 유치원도 혼자 못 다니는 녀석이 말이 글이 된다는 사실을 알고 있는 것에 감격했다고 유치원에 와서 말하고 또 하고 하셨습니다.

다섯 살 한희는 몰래 교실에서 빠져 나와 내가 있는 우는 방에 살금살금 와서는 속삭이듯

"저 왔어요."

했습니다. 나는 얼른 큰 종이에 아주 큰 글씨로 '저 왔어요' 이렇게 또박또박 쓰고 밑에는 아주 작은 글씨로 '97년 2월 4일 우는 방에서 한희 말' 하고 써 보냈더니 다른 또래들이 몰려 와서는

"저두 써주세요. 저두요, 한희만 써 줘요?"

하고 법석이었습니다. 나는 녀석들이 말한 그대로 얼른얼른 써 보냈더니, 담임선생님은 그 종이 뒷면에 찍찍이를 붙여 눈높이에 맞추어 줄줄이 붙여 놓았습니다. 말은 글이 된다는 사실을 집에서, 유치원에서 이렇게 이어서 하니 들어 주는 교육이 아이들을 닥달하지 않으면서 말과 글이 하나라는 것을 저절로 알게 되었습니다.

마주이야기 공책을 쓰는 어머니들이나 선생님은 아이 말을 그대로 글로 다 담아내야 하기 때문에 더 열심히 듣게 됩니다. 아직 어려서 혀 짧은 소리까지도(세수 / 테두) 다 자세히 쓰니까 말이 살아 있어 더 귀엽고 재미있습니다.

마주이야기는 이렇게 아이를 중심으로 해서 한 말을 그대로 쓰기만 하면 됩니다. 그런데 그대로 쓴다는 것이 그렇게 쉬운 일은 아닙니다. 곧 바로 써야 그때 한 말이 그대로 살지, 나중에 쓰면 도저히 그때 그 말을 담아낼 수가 없습니다. 써 놓고 읽어 봐도 아니고 다시 써서 읽어 봐도 아

닙니다. 그래서 난 종이 한 장과 연필을 꼭 주머니에 넣고 다니며 차 안이건 놀이터건 아무 데서나 적습니다. 그렇게 그동안 모은 꼬깃꼬깃 구겨진 종이 묶음을 어머니들한테 보여 주니 고개를 끄떡끄덕하였습니다.

이렇게 언제 어디서건 잊어버릴까 봐 얼른 종이를 꺼내 쓰면 녀석들은 그런 내가 이상한 듯 "원장님 뭐 해요?" 하고 묻습니다.

"응. 니 말이 하도 재미있어서 잊어버릴까 봐 적어 놓으려고."

하면 고맙다는 눈빛을 보내고 놀이터로 달려 나갑니다.

그러니까 교실 여기저기에도 그때그때 급히 써 놓은 잔 글씨들이 달력 끝에도 생활교육안 붙여 놓은 데에도 깨알 같이 눈에 띕니다. 집에서 어머니들도 설거지하다, 빨래하다 물 묻은 손으로 여기저기 살아 있는 말을 쓰느라, 신문 쪼가리에도 여기저기 잔 글씨 천지입니다.

일이 다 끝난 저녁에 쪼가리 글씨를 마주이야기 공책에 옮겨 적습니다. 어쩌다 쪼가리가 없어지면 휴지통이고 구석이고 살아 있는 말을 찾느라 난리가 납니다. 이런 것이 마주이야기 교육환경입니다. 살아 있는 교실입니다. 싱싱한 집안 분위기입니다. 지금까지 생활과 교육 사이에 아무 짝에도 필요없이 버티고 서 있던 두꺼운 벽이 이제야 허물어진 것입니다.

마주이야기 공책은 이렇게 활용하자

■ 어머니들끼리 돌려 보자

말과 글의 생명은 감동입니다. 나는 우리의 삶에서 말과 글로 받은 감동을 되풀이해서 주고 받는 일이 우리를 얼마나 행복하게 하는가를 겪어 왔습니다.

다섯 살 주형이한테

"주형아. 형한테 형! 안 하고 야! 하고 싶어?"

하고, 볼 때마다 말하고 또 하고 또 해도 주형이는 행복해합니다.

다섯 살 하연이한테도 만날 때마다

"엄마도 살 좀 빼. 살 좀 빼 했어?"

하면 좋아 어쩔 줄 모르고, 정아한테도 일부러

"야! 안경 쓴 애야."

하고 불러도 이제는 이름을 몰라서 그렇게 부른다거나 놀린다고 섭섭하게 듣지 않고 자기가 한 말에 감동을 받아 이제는 그렇게 부르지 않겠다는 더 강한 말로 알아듣고 행복해 합니다. 이런 감동은 유치원에서만이 아니라 더 많이 여러 번 주고 받기 위해 같은 동네 어머니들끼리 마주이야기 공책을 돌려 읽고 서로

"혜은아! 오늘 아침 우리 집 아저씨가 싸움 걸어 오길래 혜은이 말대로 착하게 참고 양보했어. 아줌마 잘했지?"

"우식아! 아줌마도 우리 우식이가 군대 안 가는 세상이 왔으면 하고 날마다 기도해. 우식이처럼 싸움하는 거 무서워하는 동무들이 많아지면 아마 그런 세상이 올 거야. 그치잉."

"관형아 하하하. 아빠한테 '아빠도 신문지 깔고 응아 하세요' 그랬어?"

"재홍아, '칼 갖고 오는 건 나한테 시켜야지 준홍이한테 시키면 어떻게 해' 하면서 엄마 야단쳤어? 아유 기특해라."

하면서 감동한 것을 왜 감동했는지를 자세히 들려 주면 유치원에서, 동네에서, 집에서, 이제 말로만이 아닌 정말 아동중심 교육이 우리 생활 깊숙이 스며듭니다. 이렇게 될 때 가르쳐서 바램대로 자라주지 않던 문제가 하나하나 풀

려 나갈 것입니다.

■ 소중히 보관했다 물려주자

어머니들은 아이를 낳고 키우면서 겪는 여러 가지 일을 어머니 생각을 곁들여 '육아일기'에 쓰게 되는데, 그것도 길어야 두 살 세 살까지고 그 다음은 흐지부지되는 것 같습니다. 그런데 마주이야기 공책은 아이 말을 중심으로 마주이야기한 것을 그대로 쓰기에 아이의 삶이 말 그대로 살아, 자라는 대로 담긴 글이 됩니다.

아이가 잘 자라 주기를 절절히 바라면서 기도하듯 아이 말을 흘리지 않고 소중하게 공책에 글씨로 담아 놓는 일은 그 정성만큼 아이가 아이 삶을 스스로 가꿀 수 있는 뼈대가 될 뿐만 아니라, 어머니도 자칫 잘못해서 잔소리꾼으로 몰리지 않고, 어머니 삶을 가꾸며 멋지게 삶을 꾸려갈 힘이 됩니다.

그뿐만이 아니고 어머니 생각을 푸념하듯 너절하게 쓰지 않은 깔끔한 마주이야기 공책은 아이가 초등학교에 들어가면서부터 말과 글이 공부라는 틀 속으로 잘못 묶이지 않고 아이생활에 그대로 녹아 들어 가장 훌륭한 국어교과서로 자리할 것입니다.

아이 말(삶)을 써 나가는 어머니의 모습에서, 또 마주이야기 공책을 재미있게 읽으면서, 말과 글이 언제나 아이의 삶을 떠나지 않고 같이한다는 것을 알게 될 것입니다.

삶과 말과 글이 따로따로가 아니라 같이 어울려 국어교육의 목표가 이 속에 있음을 알게 될 것입니다.

어머니가 자식이 잘되기를 바란다면 글자만 알면 쓸 수 있는 이 마주이야기 공책을 꾸준히 씁시다. 잘 되기를 바라는 만큼 열심히 씁시다. 그리고 집안의 그 어느 것보다도 가장 귀하게 다루고 보관합시다. 아이가 자라 엄마 정성을 잘 보관할 수 있을 때 물려 줍시다.

가르치려 들지 않고 들어 주는 것을 으뜸자리에 놓고 생활하면서 쓴 마주이야기 공책은, 어머니한테는 언제나 자식자리에 머물 수밖에 없는 다 큰 아이한테 언제 읽어도 부담스럽지 않게 이어질 길고 긴 감동으로 자식을 지켜 줄 것입니다.

3 외우지 않고 하는
말 하 기

- 말이 글보다 앞선다
- 나를 알리는 말
- 노는 시간에 한 말을 말하기 거리로 이어주기
- 집에서 한 말을 말하기 거리로 이어주기
- 노는 시간에 동무들과 한 말을 말하기 거리로 이어주기

말이 글보다 앞선다

우리 어른들이 무엇보다 먼저 해야 할 일은 아이들이 하고 싶은 말을 마음껏 하도록 도와 주는 일입니다. 시키지 않아도, 묻지 않아도 하고 싶어 견딜 수 없어서 터져 나온 말은 가장 들어야 할 말이기도 하지만, 또래들이 가장 듣고 싶어하는 말이기도 하니까, 그 말을 그대로 살아 있는 마주 이야기가 되도록 해야 합니다. 바꿔 말하면, 가장 들어 줘야 할 말과 가장 듣고 싶은 말은 말을 시키지 않아도, 묻지 않아도 하고 싶어 견딜 수 없어 터져나온 말입니다.

여기서 시키지 않아도, 묻지 않아도 하고 싶어 견딜 수 없어 터져 나온 말은 아무리 길어도 외워서 한 말이 아니기에 자연스러워 재미있습니다.

아이들이 이런 자연스런 말을 마음껏 할 수 있도록 도와 줍시다. 집에서도 들어 주고 교육기관에서도 들어 줍시다. 혼자서도 들어 주고 여럿이도 들어 줍시다. 더 많은 사람들이 함께 들어 줍시다. 내가 이렇게 들어 줍시다, 들어 줍시다 하는 것은, 두 말 할 것도 없이 지금껏 말해온 들어 주지 않아 가장 가까운 사람이 가장 큰 상처를 주고 가르쳐서 죽어가고 가르치는 대로 안 되는 아이들을 들어 줘서 행복하게 자라나게 하자는 것입니다.

말을 시키지 않아도, 묻지 않아도 하고 싶어 견딜 수 없어서 터져나온 말은 가장 살아 있는 말이기에 또한 또래들이 듣고 싶어 하는 말이 됩니다.

살아 있는 말을 하게 하고 살아 있는 말을 듣게 해야 아이들이 살아나서 싱싱하고 자신있게 옳고 바르게 삶을 가꿔 나갑니다. 살아 있는 말은 외워서 하는 말이 아닙니다. 살아 있는 말을 해야 살아 있는 글을 씁니다. 말이 살아나고 글이 살아나면 교육이 살아나고 아이들이 살아납니다.

아이들 입에서 터져나온 짧은 말, 긴 말 모두 다 들어 줍시다. 들어 주고 또 들어 주다 보면 지금까지 죽은 글을 외우다가 시들던 아이들 삶이 서서히 살아나서 새로운 뿌리를 내리고 새싹이 돋아나는 것을 보게 될 것입니다

말이 글 앞자리에 있어야 하듯이 들어 주는 교육이 가르치려 드는 교육보다 앞자리에 있어야 교육의 길이 뚫립니다. 내일이 훤히 보입니다.

그럼 지수가 엉엉 울면서 '우는 방' 문을 열고 들어와 하고 싶어 못 견뎌서 터져나온 억울하고 분한 이야기를 들어 봅시다. 외우지 않고 한 긴 말을 들어 봅시다.

"응수하고 규진이 오빠가요 종이, 스카치테이프 이런 거 쪼그맣게 뭉쳐 가지고요 뒤에 감추고요 '눈 감아 봐, 눈감아 봐, 아― 해 봐, 아― 해 봐, 씹어 봐, 씹어 봐' 그랬어요."

"응수하고 규진이 오빠는요 김효진ㆍ김유나ㆍ문예진ㆍ이강수 이런 애들은 좋아하구요. 나하구 수정이는요 발로 차 버리고 그래요."

"그리고요 나하고 김유나하고 싸우면요 김효진이가 무조건 김유나 편만 들어 줘요. 그래서요 내가요. 내일 껌 사와 가지구요. 응수, 규진이 오빠랑 다 안 줄 거에요. 이강수만 줄 거에요."

우리 유치원에는 '우는 방'이 있습니다. '우는 방'을 따로 만든 것이 아니라 내 작은 방 앞에 시원하게 울어대는 그림과 함께 '우는 방'이라고 써붙여 놓았습니다.

아이들은 일부러 우는 일은 절대로 없습니다. 울 만한 충분한 까닭이 있기에 웁니다. 말을 시키지 않아도 묻지 않아도 하고 싶어 견딜 수 없어서 하는 말에 쓸데없는 말이 하나도 없는 것처럼 우는 것도 마찬가지로 쓸데없이 우는 일은 없습니다. 그래서 나는 말로 미처 풀어 내지 못한, 더 하고 싶은 많은 말을 들어 주기 위해 '우는 방'을 만들고 아이들을 기다리고 있습니다.

그랬더니 어느 날 지수가 찾아 온 것입니다. 나는 억울해서 견딜 수 없어 눈물 범벅이 되어 터져 나오는 지수의 말을 나 아닌 지수가 되어 같이 억울해 하며 열심히 들었습니다. 이렇게 억울하고 분하고, 거기다가 따돌림까지 당한 그 외로움을 어떻게 그 어린 지수 혼자 감당할 수 있겠습니까? 나는 지수를 안아 주며

"지수야, 지금 3층에 선생님들 다 계시니까 거기 가서도 일러."

하니까 지수는

"왜요?"

합니다.

"유치원 선생님 모두 다 지수가 억울하고 분한 거 알고 있어야지, 그런 일이 또 다시 일어나지 않도록 도와 주지."

윗층에서 여러 선생님께 이르고 내려오는 지수 얼굴이 조금 전과 달리 환합니다.

"지수야, 니네 반 애들한테도 가서 말해."

하면서 쪽지에다 선명이 때처럼

'지수 선생님, 지수 억울한 일 있어요. 여러 아이들이 다

모인 곳에서 무슨 일인지 말(발표)하게 하세요.'
라고 써서

　"이거 선생님께 갖다 드려."

했더니 또

　"왜요?"

합니다.

　"음, 지금 지수는 억울하고 분하지? 그런데 응수하고 규진이 오빠는 재미있어 해. 그러니까 니 기분을 알려야지, 알리지 않으면 몰라서 자꾸 그래."

　지수는 억울하고 분한 것을 풀려고 '우는 방'을 찾아왔고, 나는 선생님들한테 가서도 이르게 하고, 지수네 반 애들한테 가서도 그렇게 하고 싶은 말을 발표하게 해서 말이 생활·교육과 겉돌지 않도록 도와 주었습니다.

　이렇게 혼자 들어 주고, 여럿이 들어 주고, 더 많은 또래들이 들어 주었습니다. 결코 짧지 않은 긴 말을 여섯 살 지수는 외우지 않고도 듣는 사람에 맞게 잘도 발표했습니다. 지수는 가장 살아 있는 말을 했고, 다른 사람들은 가장 살아 있는 말을 들은 것입니다.

　이렇게 살아 있는 말은 생활 속에 가득 담겨 있기에 모든 사람들한테 깊숙이 스며들어 갑니다.

나를 알리는 말

다섯 살 재영이는 유치원에서 만나는 선생님마다 붙들고 말을 시키지도 묻지도 않았는데도 올려다 보며

"나 김재영이에요."

합니다.

대용이는 다른 애들보다 한 달 늦게 유치원 생활을 했는데, 내 손을 아이들이 있는 쪽으로 잡아 끌며

"나 새로 왔다고 말해 주세요."

합니다. 또래들과 신나게 어울리려 했지만 그게 잘 안 됐나 봅니다.

많은 바램이 담긴 말을 아주 짧은 말로 나타낸 대용의 말을 알아들은 나는 여러 동무들이 노는 사이 시간에 스스로 자기를 알리도록 도와 주었습니다. 낯선 곳에서 스스로 빨

리 사귀기는 어른보다 아이들이 훨씬 빠릅니다.

어른들 모임에서도 새로 오신 분들은 '아는 사람들끼리만 서로 반가워하고 재미있게 얘기하고 해서 처음 온 저는 쑥스럽고 외로웠습니다. 다음에는 저같이 처음 온 사람에게 좀더 관심을 가져 주셨으면 합니다.' 이렇게 어울리지 못하고 고통스러워하는 사람들이 얼마나 많습니까.

이래서 같은 모임에서도 이끄는 사람과 이끌리는 사람은 큰 차이가 납니다. 누가 편을 갈라 놓지 않아도 잘 어울리는 사람은 이끄는 자리에, 그렇지 못한 사람은 이끌리는 자리에서 다른 사람이 관심을 가지고 즐겁게 해 주기만을 기다립니다. 그렇지 못하면 재미있었네, 없었네, 하면서 못마땅해 합니다.

이렇게 자기 스스로 어울리지 못하고 힘겨워하는 것은 어렸을 때부터 구경꾼 자리를 지켜야만 했고, 이렇게도 저렇게도 해볼 기회가 주어지지 않은, 가르치려 드는 교육의 피해자로 자랐기 때문이 아닐까요? 그러니까 언제 어디서나 스스로 챙기고 스스로 재미있게 자라고 스스로 일(공부)하게 하려면 자리를 바꿔 앉아야 합니다. 앞자리에 있는 사람은 알맞게 긴장하고 뭔가 새로운 것을 쉴 새 없이 합니다. '잘하고' '못하고'를 되풀이하면서 해냈다는 즐거움을 맛볼 뿐 아니라, 모든 것을 스스로 책임지는 사람으로 자라 갑니다.

여럿이 어디를 찾아갈 때 뒤만 쫄랑쫄랑 따라가면 다음에 또 갈 때 어디가 어딘지, 여기도 거기 같고, 거기도 여기 같고 해서 몇 번을 가도 못 찾는 일이 허다합니다. 그렇지만 앞자리에서 책임을 지고 가면 길눈이 밝아져 그런 일이 없는 것과 마찬가지입니다.

이렇게 들어 주는 교육은 아주 자연스럽게 아이들을 앞자리에 세우게 되어 살아가는 데 갖춰야 할 모든 것을 터득하게 합니다. 그래서 어디를 갖다 놔도 이끄는 자리에서 삶을 가꾸므로 재미있고 활기차게 모든 일이 되도록 해냅니다. 좋은 일은 더 좋게, 안 좋은 일도 좋게 이끌어 더 좋은 세상을 이끌어 갑니다. 이렇게 들어 주는 교육은 스스로 삶을 가꿔 행동으로나 말로 나타납니다.

이처럼 가꿔서 온 몸으로 하는 말을 하도록 하고, 들어주기가 교육 깊숙이 스며들어야 교육이 살아납니다.

재영이와 대용이는 노는 시간에 자기를 알리려고 무척 애를 씁니다. 말을 시키지도 않았는데 말입니다. 성원이는 계단에 앉아 옆에 있는 아이한테

"너 무슨 반이냐?"

"……."

"너 샛별반이지?"

"(그냥 웃기만 한다.)"

"너 샛별반 맞지. 웃는 거 보면 알아. 이름 뭐야?"

이렇게 누가 도와주지 않아도 스스로 아이들을 사귑니다. 이렇게 성원이처럼 무슨 반 누구인지 알고 싶어 못 견디고 먼저 묻는 녀석들은 놀 때도 얼마나 재미있어 하는지 땀을 흠뻑 흘리며 놉니다. 또 수줍어서 말은 못하고 웃기만 하는 녀석들도 누구인지 알고 싶다고 말을 걸어오면 얼마나 기분이 좋을까요.

그래서 3월 한 달은 처음 만난 같은 반 또래들이나 다른 반 아이한테 내가 먼저 나를 알리고, 걔도 누구인지 묻도록 하자고 했더니,

"난 해님반 장석진이야. 넌 무슨 반 누구야?"

"나? 나 샛별반 윤지수."

"너 작년에 병아리반 다녔지?"

"응."

이렇게 나름대로 마주이야기를 길게 해 나가면서 또래들을 스스로 많이 알아 갔습니다.

생활 속에서 자연스럽게 자기를 알리고, 사귀고 싶은 아이한테 말을 거는 모습이 사랑스럽습니다.

■ 이름, 숫자 발음은 정확하게

여기에서 아이들이 자기 이름을 말할 때, 우물쭈물 한번에 알아듣게 하지를 못했습니다.

부끄러워서? 그동안 주눅들어서? 그렇지 않으면 어른들도 악수를 하면서 이름을 알릴 때 한번에 알아듣게 하지 않으니까 그렇게 해야 되는 줄 알고 덩달아 그렇게 하는지도 모를 일입니다.

그런데 살다 보면 이것처럼 답답한 일도 또 없습니다. 한 번에 알아듣질 못했으니 말입니다. 뭐 꼭 알 필요가 없을 때야 그런대로 스쳐 지나가도 되겠지만, 이름을 받아 써야 할 때는 자꾸 묻기도 미안하고 어렵기도 하고 해서 이 사람 저 사람한테 "저 사람 이름 뭐야" 하면서 쉬운 것도 어렵게 살아가는 일이 허다합니다.

학부모님과 전화 통화할 때 아이 이름을 똑똑하게 말하지 않아 되물었는데도 또 못 알아들었을 때는 또 묻기 미안해서 앞뒤 말 내용에 맞춰 누구일 거라고 점칠 수밖에요. 잘못 점치면 집에 아무도 없어 문이 잠겨 있으니 아이를 보내지 말라고 한 것을 딴 아이를 남겨, 파출소에서 아이를 찾아온 일도 있었습니다.

그냥 말이나 한 문장은 이리저리 꿰어 맞춰 슬쩍 지나갈 수도 있지만, 이름이나 숫자는 이렇게 그냥 지나칠 수 없는 것입니다. 더군다나 요즘 세상에는 주민등록번호부터 시작해서 비밀번호 · 전화번호 · 고객번호 · 호출번호 등 많은 숫자 속에서 살아가는 기분입니다.

이렇게 생활 속에서 정확하고 분명한 발음은 처음 만난 사람과 사귈 때 더욱 중요한 몫을 차지합니다. 이름과 숫자는 한 자 한 자 띄어서 입모양을 분명히 해서 한 번에 알아듣도록 해야 합니다.

나는 박 문 희 야.

난 송 성 언 이야.

난 신 문 기 야.

우리 집 전화번호는 **오구일**에 **구칠칠칠**이야.

다같이 모음 발음으로 입 모양을 만들어 보도록 하고, 이름만큼은 한 명 한 명 발음이 정확한가 들어보고 분명하지 않을 때는 한 자 한 자 띄어서 연습하도록 한 다음 모아서도 하도록 합니다. 숫자도 마찬가지입니다.

자, 모음 연습을 다 같이 해봅시다.

아야어여 오요우유으이

아이들은 말할 때나 노래할 때 '요'를 '여'로 발음합니다. '피어났어요'를 피어났어여'로. 그래서 발음이 정확하지 않으면 입 모양, 얼굴 모양, 생활까지 어벙하게 보입니다.

■ 괄호 넣기식 말틀에서 벗어나야

흔히 어린아이들한테 발표력을 길러 준다고, 씩씩한 어린이로 자라게 가르친다고 하면서 하는 자기 알리는 말이 이렇습니다.

"저는 ○○유치원 ○○반 ○○○입니다.
제가 좋아하는 음식은 (   )와 (   )이고
싫어하는 음식은 (   )와 (   )입니다.
저의 장래희망은 (   )이고
취미는 (   )입니다.
잘 부탁합니다. 감사합니다."

이렇게 어른 흉내까지 내가며 외우는 괄호 넣기식 소개를 하도록 하고, 거기다가 외우도록 해서 여기를 가나 저기를 가나, 그 말과 맞지 않는 곳이나 사람들한테도 글자 한 자 안 틀리고 달달 외워 그 말만 되풀이합니다. 이건 절대로 안 될 일입니다.

이래서 외우는 교육은 겉돌고 틀 속에 한번 갇히게 되면 나오기 힘들고, 그래서 말벙어리 아닌 말벙어리 길을 가게 되고, 그 길은 글벙어리로 가는 길로 이어질 수밖에 별도리가 없으니 교육의 결과는 뻔할 수밖에요. 이런데도 가르치

는 것은 무조건 다 대단한 것으로 알고 있거나, 그렇지 않
으면 잘못된 줄 알아 이게 아닌데 하면서도, 안 하니만도
못한 교육인 줄 알면서도 뭐 뾰족한 수가 없지 않으냐고 하
면서 더욱 단단한 틀을 만들며 앞으로 살아갈 아이들을 가
두고 있습니다.

그럼 이런 괄호 넣기식 틀을 어떻게 깨고 나를 잘 알릴
수 있을까요?

■ 마주이야기를 꼭 넣어 나를 알리는 말로 이어주기

재희가 어머니와 한 마주이야기를 들어 보겠습니다.

재　　희 : 엄마는 왜 누나만 보약 해 줘?
어머니 : 누나는 밥을 안 먹으니까 그렇지.
재　　희 : 엄마! 나도 밥 안 먹을 테니까 보약 해 줘.

위의 마주이야기로 또래들한테 재희를 알리라고 했더니

> "난 김재흰데, 우리 엄마는 누나만 보약 해 줘. 밥
> 안 먹는다고. 그래서 내가 '엄마, 나도 밥 안 먹을 테
> 니까 보약 해 줘' 그랬어."

또래들한테 한 다음, 어른들 앞에서도 해보라고 했더니

> "저는 김재흰데요. 우리 엄마는요. 누나만 보약 해
> 줘요. 밥 안 먹는다구요. 그래서 제가요. '엄마 나도
> 밥 안 먹을 테니까 보약 해 줘.' 그랬어요."

이보다 재희를 더 잘 나타낼 수 있는 말이 또 있을까요! 그 잘 먹는 밥도 마다 하고 그 쓴 약을 먹겠다는 재희! 재희가 엄마 사랑을 얼마나 받고 싶어 하는지를, 가르쳐서 나타낸 말도 아니고 누가 써 준 것을 외워서 한 말도 아니어서 듣는 사람들한테 잘 스며듭니다. 이렇게 외우지 말도록 했더니 듣는 사람에 따라 딱 맞게 말을 바꿔가며 해서 말하기와 듣기가 겉돌지 않고, 또 마주이야기를 꼭 넣어서 하면 나를 알리는 말이 짧아도 나를 가장 잘 나타낼 수 있는 살아있는 말이 되고 나를 잘 알릴 수 있게 되어, 말하는 사람과 듣는 사람들이 서로 감동하며 깊이 사귀게 됩니다.

정현이와 어머니의 마주이야기를 들어 보고, 정현이가 마주이야기를 넣어 또래들한테와 어른들한테 한 자기 알리는 말을 또 들어 보겠습니다.

정　현 : 엄마, 뭐 해?
어머니 : 김밥 말어.
정　현 : 나 김밥 싫어, 속에 꺼 먹기 싫어서. 그냥 밥 싸 줘.

정현이는 또래들한테

> "난 설정현인데, 저번에 봄나들이 가는 날, 엄마가 김밥을 말고 계셔서, '엄마, 나 김밥 싫어, 속에 꺼 먹기 싫어서 그냥 밥 싸 줘' 그랬어."

어른들한테는

> "전 설정현인데요. 저번에요. 우리 유치원 봄나들이 가는 날에요. 우리 엄마가 김밥을 말고 계셔서요. '엄마 나 김밥 싫어. 속에 꺼 먹기 싫어서 그냥 밥 싸 줘' 그랬어요."

재희가 자기를 알리는 말과 함께 정현이도 자기를 얼마나 잘 나타내는 말입니까!

선생님이 "도시락 싸 갖고 나들이 가자" 이렇게 말했는데도 아이들은 "엄마, 선생님이 김밥 싸 오래" 할 정도로 아이들이라면 김밥을 좋아합니다. 그런데 정현이는 속에 든 것이 먹기 싫어서 그냥 밥을 싸 달랩니다. 똑같은 말이라도 마주이야기(" ")를 풀어서 설명으로 하면 말이 살아 있지 않고 시들 염려가 있으니 꼭 마주이야기(" ") 속에 아이 말을 그대로 하도록 해야 합니다. 이렇게 아이들은 자기를 알릴 수 있는 거리가 많이 있는데도 가르치는 교육에서는 (   ) 넣기식 틀 속에 가두는 잘못을 저지릅니다.

그럼 여기서 지윤이와 다연이 시왕이가 또래들한테 마주이야기를 넣어서 '자기'를 알리는 말을 더 들어봅시다.

난 김지윤인데 일곱 살이야.

저번에 할아버지 할머니가 텔레비전을 보시다가 텔레비전을 안 보고 나만 보는 거야. 그래서 내가

"할아버지 할머니, 못난이 처음 봐요?" 그랬어.

난 고다연인데 어제 저녁에 아빠가

"다연아! 잘 때 전기불 끄고 자라. 전기요금 많이 나온다."

그러시잖아. 그래서 내가

"아유 참 아빠는. 제가 전기불 켜고 자면요 밤을 새는 줄 알고요, 도둑이 물건을 훔치러 못 들어오잖아요." 그랬어.

난 김시왕인데 여섯 살이야.

어제 저녁에 졸려서 아빠한테 달라붙었더니

"시왕아, 졸리면 베개 갖고 와."

그러셨어. 그래서 베개를 갖다 드렸더니

"하나만 갖고 오면 어떡해. 니 것도 갖고 와야지."

그러셨어. 그래서 내가

"아빠 나는 팔베개" 그랬어.

■ 여러 동무들에게 들려주도록 이어주기

토요일 일요일을 집에서 보내고 월요일 날 다 만나면 선생님은 '말하기 교육'을 한답시고

"지난 주말에 있었던 일 말해 볼 사람?"

"……."

"그럼 본 거 말해 볼 사람?"

"……."

"아유 말해 봐요. 그럼 이번에는 들은 거 말해 볼 사람?"

"……."

"아유 말 좀 해 봐요. 그럼 말했던 거 말해 볼 사람?"

"말했던 거 없어요. 그딴 거 없어요."

"그럼 말 안 하고 "입" 하고 입 닫고 살았어요?"

"네 말 안 했어요."

"그럼 느낀 거 생각한 거 말해 볼 사람?"

'…… 내가 말할 땐 들어 주려고도 하지 않더니 뭘 자꾸 말해 봐요 말해 봐요 그래. 느낀 건 뭐고 생각한 건 뭐야?'

"그럼 이번에는 경험한 거 말해 볼 사람?"

"그딴 거 없어요. 말할 거 없어요."

이런 답답한 말하기 시간은 교육현장이면 어디서건 있는 일입니다.

"그럼 어디 갔다 온 거 말해 볼 사람?"

그때서야

"저요"

하고 손을 들고 나옵니다.

"어제요. 밥 먹고요. 아빠랑 엄마랑 애기랑 나랑요. 서울 대공원 갔다 와갔구요. 텔레비전 보구요. 밥 먹구요. 잤어요."

아침부터 잘 때까지 날마다 되풀이되는 일을 차례대로 이야기합니다. 참으로 답답한 일입니다. 그것도 어디 갔다 오지 않으면 할 말이 없는 것으로, 더 답답한 말하기 시간이 됩니다.

■ 말할 게 없는 아이들

할 말이 뭐 있겠습니까? 밖에서 놀다 집에 들어서며

"엄마 애들이 때려 잉잉"

하면 들어주기는커녕

"아유 그냥. 넌 손이 없니 발이 없니. 왜 날마다 맞고 울고 들어와 엉?"

하며 신경질 내고, 또 선생님이

"아빠 다리 예쁜 손" 하고 그림동화 들려줄 때 바로 그때

"선생님! 쟤가요 내 머리 잡아당겼어요."

하면 이야기 시간 사이에 끼어든 게 못마땅해서 '아유 쟤
는 맨날 징징거려' 하면서 쏘아보며

"일르는 사람은 더 나빠요."
합니다. 그런 말 두 번 다시 듣기 싫으니 하지 말라는 말보
다도 더 강한 말로 못을 박아 놓습니다.

꼭 할 말이 있어 "선생님!" 하고 부르면 왜 불렀는지는
알려고도 하지 않고 심부름시키고, 또 "선생님!" 하면

"아유 이거 오늘 공부해야 할 건데. 이것 좀 오려"
합니다. 오리고 나서 또 "선생님!" 하면 다른 선생님과 장난
치고 놀고 있으면서도, "이따 말해" 합니다. 아이가 보면 정
말 선생님이 쓸데없는 말만 하면서 들어 주려고 안 합니다.

들어 봤자 일르기나 하고, 뭐 사 달라기나 하고, 자랑 거
리도 못되는 것을 자랑자랑하니 아이 말은 그렇게 대꾸해
도 되는 것으로 알고 있습니다. 들어봤자 뻔하지 않겠냐는
듯 싹 무시해 버립니다.

"엄마 우리 식탁 사니까 참 좋지? 선정이 아줌마, 우리
식탁 샀어요. 소현이 아줌마, 우리 식탁 샀어요. 아직 선영
이 아줌마한테는 얘기 안 했는데……."
그때 어머니가

"다른 집에는 다 있는 거야. 식탁 산 게 뭐가 자랑거리라
고 자랑할 거를 자랑해라."

모처럼 기분 좋아 터져나온 말도 또 쓸데없는 말로 몰아

세웁니다.

"엄마 시장 갔다 올게 집 잘 보고 있어."

"엄마 나두 가."

"뭐 사 달라고 그럴려고?"

"안 사 달랠게."

"정말?"

"응, 안 사 달랠 거야."

(시장 가서)

"엄마 엄마 이리 잠깐만 와 보세요."

"이거 집에 있는 거잖아."

"집에 있는 거하고 다르잖아요."

"넌 어쩜 보는 거마다 사 달래니. 너 유치원 다니면서 이거 또 사 달라고 조르면 집에 가서 아주 혼날 줄 알아."

"……그런데, 엄마! 내 얼굴에 침 튀기지 마세요."

아이들 말은 다 이르거나 자랑하거나 사 달래거나 이런 말입니다. 어른들에게는 다 듣기 싫은 말이고 철 없는 말, 떼쓰고 고집 부리는 말이라서 화가 치밀어 오르는 말입니다. 말마다 다 하찮고 쓸데없고 귀찮은 말입니다. 그래서 아이들이 말을 했다 하면 어른들은 아주 듣기 싫어합니다.

아무짝에도 필요없는 말, 쓸데없는 말 하지 말고 조용히 나 있으라고 합니다. 학교에서는 시끄러운 아이로 산만한 쪽으로 몰아붙이고, 집에서는 왠 말이 그렇게 많으냐고 입이 가볍다고 입 좀 꿰매라고 합니다. 그래서 아이들은 꼭 할 말도 당당하게 말을 못합니다. 망설이다가 눈치 봐가며 조심스레 멈칫멈칫하면서 합니다. 그러면 어른들은 그런 것도 또 답답해서 못 봐줍니다.

"똑똑히 빨리빨리 말해. 왜 그렇게 어벙하냐."

이래저래 주눅들어 언제 말할까 하다가 그만 아침에 말하면

"왜 이 바쁜 아침에 말해 어제 저녁은 뭐하고?"

합니다. 그래서 저녁에 말하면

"오늘 너무 피곤해 좀 쉬자. 응? 내일 아침에 말해."

어떤 말도 아이들 말은 집안에서고 학교에서고 들어 주려 하지 않습니다. 그저 가르치는 것을 조용히 열심히 집중해서 배워야만 최고라고 알아줍니다. 그러면서 말이 없어야 묵직하고 속이 깊다고 인정을 합니다.

이러니 유치원에서 말하기 시간에 들은 것, 본 것, 말한 것을 말해 보라고 하면 뭘 말할 수 있겠습니까? 이 말도 생활 속에서 쓸데없는 말이고, 저 말도 버림받은 말, 또 그 말은 야단맞은 말, 이 말, 저 말, 그 말 다 빼고 나면 말할 게 없을 수밖에. 그러니 "없어요. 없어요." 하는 답답한 소리만 듣는 게 요즘 유치원 교육입니다. 유치원만 그런 게 아니라 초등학교도 아예 말하기 교육을 할 수가 없다고 합니다.

생활 속에서 쓸데없는 말이라고 버림받은 말을 그렇게 업신여김 받은 말을 말하기 거리로 끌어올 수 있겠습니까?

아이들이야 징징거리며 이르는 게 일입니다. 하루 이틀도 아니고 날마다 이러니 어른들은 이르는 말을 제일 귀찮아합니다. 더군다나 여러 아이들과 함께 생활하면서 교육과정을 이끌어야 하는 교사들이야말로 이르는 아이를 가장 힘들어합니다.

어른들은 이르는 말, 사달라고 조르는 말, 자랑 자랑하는 말, 이런 말만 듣기 싫어하는 게 아니라 어른들이 기분 나쁠 때도 아이들이 하는 말은 다 쓸데없는 말로 몰아세우지 않았는가요. 그리고는 무조건 그렇게 하기로 각오를 안 했어도 억지로라도 마약 같은 '말 잘 들을래요', '이제부터 공부 열심히 하기로 했습니다', '이제부터는 엄마·아빠한테 효도하기로 굳게 결심했습니다' 이런 짧은 말만 시간 아껴가며 듣는 걸 좋아하지 않았던가요.

이런 말을 들은 어른들은 아이들이 지금까지도 더 할 수 없이 열심히 자랐는데도 더더욱 열심히 하기로 굳게 결심했다는 말에 흐뭇해 하며 말대로 그렇게 자라기만을 기대합니다. 이런 말이 무슨 말이 되며 글이 되겠습니까!

이렇게 말벙어리 글벙어리로 만들어 놓고, 이번에는 또 발표력이 없다고, 발표력을 가르친다고, 말하기와 관계되는 곳을 기웃거립니다.

깊은 병에 걸린 아이들이 굳게 다문 입을 열겠습니까? 그래서 그 많은 살아 있는 말은 다 버리고 어른이 쓴 죽어 있는 말을 죽도록 외우게 할 수밖에요. 외우는 말, 시들은 말, 죽어 있는 말, 그래서 하면 할수록 안 하니만도 못한 교육에 대해서는 그때그때 자세히 짚어 보도록 합시다.

말을 시키지 않아도 묻지 않아도 하고 싶어 견딜 수 없어 아이들 입에서 터져나온 말로 아이들을 살리고 말을 살리고 글을 살려 아름다운 감동스런 삶을 가꾸는 길로 가야 합니다.

노는 시간에 한 말을 말하기 할 거리로 이어주기

■ 노는 시간 하고 싶어 견디지 못하고 터져나온 아이들 말

이용규 : 얘들아, 우리 이모 남자 친구 없다. 그래서 나
만 좋아한다.

선생님 : 어마 용규야! 니 말, 이모가 용규만 좋아한다는
말, 많은 애들한테 알리자.

이재원 : (유치원 차에서) 얘들아! 우리 형네 반에 다른
형이 교실 바닥에 넘어졌는데, 피가 났대. 근데
드라큐라처럼 피를 빨아 먹었는데 짭짜름하더
래. 그래서 우리 형도 빨아 먹어 봤더니, 정말
짭짜름하더래.

선생님 : 재원아. 니 말 저 뒤에 앉아 있는 애들은 못 들

었어. 더 큰소리로 말해 봐. 못 들은 애들은 무
슨 말인지 얼마나 듣고 싶겠니. 또 니네 반 애
들한테도 말해, 얼마나 재미있게 듣겠니.

장규진 : (월요일 아침에 오자마자) 선생님, 어제 세 번이
나 만났지요? 놀이터에서 만났고, 또 저쪽에서
만났고, 또 여기서 만났지요?

선생님 : 응 우리 세 번이나 만났지. 일요일날, 만났던
일 우리반 애들한테 다 알려 주자.

김수진 : (치마 양쪽을 들어 올리며) 나 이거 보세요. 그때
는 치마 입었지요? 이건 드레스예요. 엄마가
남대문 시장에서 샀어요. 3천 원 줬어요.

■ 아이들이 다 모였을 때 말하기(발표)로 이어주기

(아이들이 다 모였을 때)

선생님 : 애들아, 오늘은 용규 · 재원이 · 규진이 · 수진이
말 들어 보자. 언제 어디서 누구한테 어떤 말
을 했나 듣고 싶지? 용규 먼저 나와서 조금 아
까 한 말 해보자.

이용규 : 내가 아까 놀이터에서, '애들아! 우리 이모 남

자 친구 없어! 그래서 나만 좋아한다' 그랬어.

이재원 : 내가 아침에 유치원 차 타자마자, '얘들아! 우리 형네 반에 다른 형이 교실 바닥에 넘어졌는데 피가 났대. 근데 드라큐라처럼 피를 빨아먹었더니 짭짜롬하더래. 그래서 우리 형도 빨아먹어 봤더니 정말 짭짜롬하더래.' 그랬더니 선생님이 차 뒤에까지 들리게 더 크게 하라고 그래서 더 크게 또 말했어.

장규진 : 나 어저께 우리 선생님 세 번이나 만났어. 그래서 오늘 아침 선생님 만나자 마자, '선생님, 어제 세 번이나 만났지요? 놀이터에서 만났고, 또 저쪽에서 만났고, 또 여기서 만났지요?' 그랬더니, 선생님도 '응 그래. 우리 세 번이나 만났지?' 그랬어.

김수진 : 내가 오늘 유치원 오자마자 밖에 나가서 원장님께, '나 이거 보세요. 그때는 치마 입었지요? 이건 드레스예요. 엄마가 남대문 시장에서 샀어요. 3천 원 줬어요.' 이러면서 자랑했어. 그랬더니 원장님이 '아아! 이건 치마가 아니고 드레스구나.' 그러셨어.

이렇게 마주이야기로(" ") 하도록 하면 말을 하는 사람이나 듣는 사람 모두 딱 맞는 말이 됩니다. 외우지 않아도 긴 말을 할 수 있고, 그래서 금방 있었던 일도 말할 수 있어 말이 살아 있고, 살아 있는 말이니까 듣는 아이들도 재미있을 수밖에 없게 됩니다.

또 느닷없이 말해 보라고 하면 아무 것도 생각이 안 나, 본 것도 들은 것도 느낀 것도 경험한 것도, 하나도 없는 것으로 되어 버려, 말하기 시간이 서로 답답하기만 하고, 기껏해야 전에도 말한 것처럼 어디 갔다온 거나 말하든가, 그렇지 않으면 아침 먹고 유치원 갔다 와서 점심 먹고 텔레비전 보고 저녁 먹고 잤다는 식의, 지루한 시간이 되어 버립니다. 거기다가 아이들은 이미 생활과 공부시간 사이에 울타리를 치고 생활에서 있었던 일을 발표거리로 이으려고 하지 않습니다. 또 선생님이 생각한 것 말해 봐요. 느낀 것, 경험한 것 말해 보라는 이런 말 뜻을 모르니 어떤 것이 느낀 건지 경험한 건지 어려워지기만 합니다.

그러니까 아주 딱 맞는 재미있는 답이 있는데도 문제가 어려워 그 문제에 그 답을 잇지 못하는 것입니다. 그러니 있어도 '없어요' 하고 소리치고, 본 것도 있고, 들은 것도 있고, 말을 많이 했는데도 무조건 본 것도 없고 들은 것도 없고 말하지 않았다고 합니다. 입 꽉 다물고 하루종일 아무 말도 하지 않았다고 합니다. "말 안 했어요. 한 마디도 안 했어요."이렇게 소리치면서도 말 한 마디 안 했다고 말하는 건 또 뭡니까?

그것은 발표하면 글자 한 자 틀리지 않고 외우는 것으로 굳어져 있어, 정말 살아 있는 말은 발표 가까이 얼씬도 못하는 데다가, 그런 말은 쉽고 재미있으니까 공부가 아니라 생각하기 때문입니다. 또 어휘력 확충이니 발표력이니 하면서 어려운 말로 문제가 시작되어 쉬운 말도, 이미 알고 있는 말도, 똑같이 외워야 하는 것만이 공부라고 못을 깊이 박아 놓았기에 말할 게 있어도 없다고 할 수밖에요.

그러기에 쉬운 우리 말로 '말하기' 하면 될 것을 '발표력'이니 '언어사용'이니 '언어전달'이니 어려운 한자 말로 하면서, 거기다가 또 생각한 것, 느낀 것, 경험한 것을 말해 보라 하니 답이 가장 가까이 있는데도 멀리 있는 것 같아서 이건지 저건지 찾아헤매다 보니 지치고 귀찮아집니다. 그러니 그냥 좀 내버려 달라고 애원하듯 '없어요. 없어요'만 하고, 교사는 '말해 봐. 말해 봐'만 되풀이하다 시간이 가고 유치원 끝날 시간이 됩니다. 하루가 그렇게 끝나고, 유치원을 졸업하고 초등학교를 졸업하고, 그렇게 자라갑니다.

할 말이 정말 없으면 누가 뭐라겠습니까!

생활과 교육이 어울리지 못하고 겉돌아, 누구나 할 말을 제때에 못한 답답함이 가슴에 쌓이고 쌓였으니 하는 말이 아니겠습니까.

집에서 한 말을 말하기 할 거리로 이어주기

아이 말을 중심으로 집에서 엄마 아빠가 쓴 마주이야기 공책 가운데서 오늘 아침에 한 말만 뽑아 보겠습니다.

보기 1

어머니 : 다영아! 일어나 유치원 가야지.

다　영 : 아잉! 졸린데.

어머니 : 그래도 얼른 일어나야지. 유치원 못 가면 어떡해.

다　영 : 아잉! 왜 이렇게 내 머리 속에는 잠이 많아. 엄마, 졸려 죽겠네.

어머니 : 일어나 보면 잠이 없어져.

다　영 : 그래도 잠이 자꾸 와요.

보기 2

어머니 : 규비야, 일어나. 유치원 가야지.

규 비 : 엄마! 더 자면 안 돼요.

어머니 : 빨리 일어나. 유치원 차 놓쳐.

규 비 : 초석 다니면 늦게 가도 되는데.

어머니 : 너 그럼 초석 보내줄까.

규 비 : 아냐 엄마. 난 아람이 더 좋아. 그래도 엄
　　　　 마 조금만 더 자면 안 돼요?

보기 3

어머니 : 효연아, 일어나. 유치원 가야지.

효 연 : 조금만 기다리세요.

어머니 : 오늘 유치원 가는 날이야. 얼른 세수하고
　　　　 준비해야지.

효 연 : (투정부리면서) 아직 잠이 안 깼어요.

보기 4

어머니 : 찬희야, 얼른 일어나. 유치원 가야지.

찬 희 : 엄마 지금 몇 시야. 조금만 더 자면 안 돼?

어머니 : 유치원 차 놓치면 울려고 그러지?

찬 희 : (벌떡 일어나 화장실로 뛰어가며) 엄마! 엄
　　　　 마! 빨리 옷 줘.

어머니 : 세수하고 이 닦고 아침밥 먹고, 그리고 옷
　　　　 입어야지.

찬 희 : 아니야. 그럼 늦는단 말야. 옷 입고 밥 먹을 거야.

어머니 : 다미. 유치원 안 갈래? 시간 다 돼 가는데. 왜 꾸물거려.

다 미 : 갈 거야.

어머니 : 그럼 빨리 해. 늦으면 안 보내 줄 거다. 유치원 차 자꾸 기다리게 하면 미안하잖아.

다 미 : 갈 거야. 잉잉. 차는 왜 빨리 와 갖고 그래. 천천히 오지. 속상해 죽겠네.

보기 6

찬 희 : 엄마! 나 유치원 가방 어딨어?

어머니 : 니 물건을 엄마한테 물으면 어떡해?

찬 희 : 빨리 갖다 줘. 유치원 늦는단 말야.

어머니 : 니 방 잘 찾아봐.

찬 희 : (온 방을 들쑤셔 놓고는) 아차! 어제 시장 놀이하면서 베란다에다 놨지.

보기 7

지 선 : 엄마! 유치원 갈 시간이에요.

어머니 : 응? 어휴 내 정신 좀 봐. 깜박 잊었네.
　　　　(막 뛰어나갔지만 유치원 차는 어디로 갔는지 보이지 않고)

지 선 : 엄마, 나 성질 나. 유치원도 못 가고.

충　　희 : 아빠! 우리 가기 싫지. 놀고 싶다. 그치?

아버지 : 아빠도 가기 싫다. 회사 가기 싫다.

충　　희 : 아빠, 그래도 가야 돼. 돈을 냈으니까 가야 돼.

충　　희 : 짠! 엄마, 나 유치원 갈 준비 다 했어요.

어머니 : 뭐? 유치원 갈 시간 아직 멀었어. 좀 더 자지.

충　　희 : 엄마! 시간 좀 빨리 돌려놔. 나 빨리 유치
　　　　　원 가고 싶단 말이야.

　　아침은 누구네고 어느 집이고 난리법석입니다. 조금이라
도 더 자려고 5분만 하는 사람과 깨우려는 사람 사이에 오
가는 승강이는 치열한 전쟁입니다. 거기다가 유치원 또래
들은 처음으로 시간 속으로 들어가 생활하게 되므로, 아침
마다 더 자고 싶어 이불 속으로 기어 들어가고, 그것도 맘
대로 안 되면 '유치원 안 갈래' 하면서 버팅기고, 심술을
부리다 보면 '잠꾸러기'란 또다른 이름도 들어야 합니다.

　　그렇게 더 자고 싶은데도 유치원에 가야 하기에 일어나
야 되니까 재미있는 유치원도 가기 싫다고 떼를 쓰고, 곤히
자고 있는 애기를 부러워하면서, "일어나!" "싫어", "일어

나라니까""싫다니까", "유치원 가""안 가", "유치원 가라
니까""안 간다니까" 이렇게 부대끼다 잠이 깨고 그렇게 하
루를 엽니다.

　이런 아이들한테 '일찍 일어났으면' 하는 바램이 가득
찬 어른이 쓴 이야기를 들려주는 것도 좋지만, 그것보다
여러 또래들의 살아 있는 아침을 그대로 들려 주는 것이
아이들에게는 부담스럽지 않고 재미가 있으며, '아침은
다 그렇구나' 하면서 아이들을 외롭지 않게 싱싱하게 자
라게 합니다.

　자! 그럼 아이 말을 중심으로 쓴 마주이야기를 어떻게 외
우지 않고 하는 말하기(발표) 거리로 이을까요.

　아이 말은 그대로 살려야 하니까 그대로 놔두고 이번에
는 어머니 말을 바탕에 깔고 하게 했습니다.

　"다영이 · 규비 · 효연이 · 찬희 너희들 오늘 아침에 더 자
고 싶어서 엄마랑 말한 거 참 재미있더라."

　"아침에 더 자고 싶지? 나도 오늘 아침에 우리 엄마가
'일어나. 일어나라니까. 아직도 안 일어났어.' 하면서 소리
치고 볼기 때리고 그랬다. 참 재미있지? 너희들이 아침에
말한 건 더 재미있으니까 많은 애들한테 얘기해 주자. 어떻
게 하는 거냐 하면 다영이가 말한 거 해 볼게. 들어 봐."

보기 1 다영이 말

　　오늘 아침에 우리 엄마가 일어나서 유치원 가라고 했어. 그래서 내가
　　"아잉잉 졸리운데."
그랬는데도 엄마가 얼른 일어나야지 유치원 못 가면 어떡하느냐고 그랬어. 그래서
　　"아잉잉 왜 이렇게 내 머리 속에는 잠이 많아. 엄마 졸리워 죽겠어."
하니까 엄마는 일어나면 잠이 없어진다고 그랬어. 난
　　"그래도 잠이 자꾸 와요."
그랬어.

보기 2 규비 말

　　오늘 아침에 우리 엄마가 일어나 유치원 가라고 그랬어. 내가
　　"엄마 더 자면 안 돼요?"
　　그러니까 엄마는 빨리 일어나야지 유치원 차 놓친다고 소리쳤어.
　　"초석 다니면 늦게 가도 되는데."
하니까, 글쎄 엄마는 초석 보내준다고 그랬어. 그래서
　　"아냐, 엄마. 난 아람이 더 좋아. 그래도 엄마 조금만 더 자면 안 돼요?"
　　그러면서 이불 속으로 기어 들어갔어.

아이들한테 보고, 듣고, 말하고, 생각하고, 느끼고, 경험한 일 말해 보라고 한다든가, 주말 지낸 이야기 발표해 보라든가, 있었던 일 말해 보라고 하면 말할 게 있다가도 별안간 다 없어졌는지 눈만 멀뚱멀뚱 뜨고 앉아 있다가, 그 시간이 지루해지면 힘겨워 하다가 있어도 없다고 할 수밖에 없습니다.

말이란 마주이야기입니다. 글도 마찬가지이고, 말을 하는 사람이 하고 싶은 말을 하는 것처럼, 듣는 사람도 듣고 싶은 말을 해 달라고 짚어 주면 훨씬 더 겉돌지 않고 어울리는 말하기 교실이 됩니다. 그러니까 어머니가 아이 말을 중심으로 쓴 마주이야기 공책을 읽고, 다른 아이들이 가장 재미있게 들을 것 같은 것을 골라 말을 하게 한 것입니다. 그리고 아이 말 그대로 말을 하게 해도 앞자리가 낯설어서인지 꼭 할 말도 다 빼놓고 하기도 하니까, 교사는

"효연아, 너는 '아직 잠이 안 깼어요.' 한 말이 재미있으니까 꼭 해, 응? 그리고 찬희는 '아니야, 그럼 늦는단 말야. 옷 입고 밥 먹을 거야.' 한 말, 그 말이 너무 재미있으니까 꼭 해." 하고 감동한 만큼 재미있게 읽은 만큼, 아이한테 알려 말하기에 자신감을 갖도록 도와 줍니다.

집에서 한 말을 말하기 할 거리로 이어 주기

보기 3   효연이 말

   오늘 아침에 우리 엄마가 유치원 가라고 깨워서
"조금만 기다리세요."
그랬는데도 유치원 가는 날이라고 얼른 세수하고 준
비하라고 그래서 투정 부리면서
"아직 잠이 안 깼어요."
그랬어.

보기 4   찬희 말

   오늘 아침에 자고 있는데, 우리 엄마가 얼른 일
어나 유치원 가라고 그랬어. 그래서 내가
"엄마 지금 몇 시야. 조금만 더 자면 안 돼?"
하니까 유치원 차 놓치면 울려고 그러지? 그랬어.
나는 벌떡 일어나 화장실로 뛰어가면서
"엄마! 엄마! 빨리 옷 줘."
그랬더니 이 닦고 세수하고 아침밥 먹고 나서 옷
입으라고 그랬어. 그래서 내가
"아니야, 그럼 늦는단 말야. 옷 입고 밥 먹을 거야."
그랬어.

보기 5

   다미가
'갈 거야. 잉잉. 차는 왜 빨리 와 갖고 그래. 천천
히 오지. 속상해 죽겠어.'

보기 6

찬희가
'아차! 어제 시장 놀이 하면서 베란다에다 났지.'

보기 7

지선이가
'엄마 나 성질 나, 유치원도 못 가고.'

보기 8

충희가
'아빠, 그래도 가야 돼. 돈을 냈으니까 가야 돼.'

보기 9

재희가
'엄마! 시간 좀 빨리 돌려놔. 나 빨리 유치원 가고 싶단 말이야.'

위의 보기글에서처럼 마주이야기는 이렇게 여러 아이들의 아침이 다 다르게 그대로 나타납니다. 내게 있었던 일들을, 다른 애들이 비슷하게 겪은 일을 들어도 재미있어 감동하고, 그렇지 않아도 "어쩜!" 하면서 입을 딱 벌리고 감동

합니다.

마주이야기는 교육현장에서 오늘 아침 있었던 일을 말해 보라고 하면, 외우지 않고 그대로 잇는 일을 톡톡히 해냈습니다.

이렇게 조금 전에 있었던 일을 말하게 하면 했던 말을 잊지 않았기에 말을 살려 하기도 쉽고 아이들도 재미있게 듣습니다. "아침에 일어나서 세수하고 밥 먹고 인사하고 유치원에 왔다."고 하는 똑같아 재미없는 말을 질리도록 하고 들어야 하고 "나도 그랬는데" 하던 틀을 깼다는 말입니다.

그럼 여섯 살·일곱 살 아이들이 동생들을 어떻게 생각하고 있는지 아이들 말을 더 들어 보면서, 유치원에서 노는 시간에 '동무들과 한 말을 말하기 할 거리로 이어주기'로 넘어가 봅시다.

내 동생은?

내 동생 태훈이가 감기에 걸렸어 그래서
"엄마! 태훈이는 누구한테 감기 옮았어요?"
그랬더니 있지 나한테 옮은 거래. 그래서 내 동생한테
"태훈아 미안해. 누나가 감기 줘서 미안해. 다시는
안 그럴께 용서해 줘 응."
그랬어.

병호 말

내가 내 동생한테 말 가르치려고
"현기야 오빠 해 봐."
하니까 글쎄 '아빠' 그래. 그래서 내가 다시
"아니. 오빠." 그렇게 하라고 해도 또 '아빠' 그렇게
만 해. 그래서
"엄마 엄마, 혜지가 자꾸만 나보고 아빠래."
그랬어.

찬희 말

내가 내 동생한테
"현정아! 심심한데 우리 농구하자."
그러니까 하자고 해서

"규칙을 정하자. 오빠는 3점슛 너는 2점슛 거리에서 공을 던지는 거야"

했는데도 내 동생은 농구골대 밑에서 공을 던지는 거야. 그래서 화가 나서

　"이 바보야, 거기서 던지면 어떡해"

했더니 징징 울면서 엄마한테 일른다는 거야. 그래서

　"그래 그래 미안해."

했더니 글쎄 이번에는 나보고 반칙이래. 그래서

　" 너 반칙이 뭔지 알아?"

그랬더니 글쎄 오빠가 공을 빼앗는 거래.

노는 시간에 동무들과 한 말을 말하기 할 거리로 이어주기

████ ██

유치원에서 아이들끼리 마주이야기한 것을 발표시켜 봅시다. 혼자 할 때보다 살아 있는 말을 합니다. 또 부끄러움을 타는 녀석들은 여럿이 나와서 하니까 덜 쑥스러워 합니다.

> 지환 : 야! 너 나중에 뭐 되고 싶어?
>
> 은석 : 몰라
>
> 지환 : 야! 너 커서 뭐가 되고 싶냐고?
>
> 은석 : 몰라.
>
> 지환 : (잠시 생각하다가 다시) 야! 너 이 다음에 커서 누구 되고 싶냐고?
>
> 은석 : 모른다니까.
>
> 지환 : (답답해서 못 견뎌하며) 야! 그러니까 너 이

다음에 커서 경찰이 되고 싶냐. 의사 선생
님이 되고 싶냐. 누구 되고 싶냐니까?

은석 : (은석이가 나침반을 그리고 나서) 나침반이
　　　라고 써야 하는데……. 나 글자 몰라.
지환 : 너 글자 몰라?
은석 : (머리만 끄떡끄떡)
지환 : 정말 너 글자 몰라?
은석 : 응.
지환 : 진짜 너 글자 몰라?
은석 : 응.
지환 : 그럼 '기역'도 몰라?
은석 : 음…… 그건 알아.
지환 : 그럼 '니은'은?
은석 : 니은도 알아.
지환 : 그럼 '가'는?
은석 : 그건 몰라.
지환 : (걱정스러운 듯이) 야! 너 글자 쓰려면 그
　　　거 다 알아야 돼. 내가 가르쳐 줄게.

　지환이와 은석이가 마주이야기한 것을 들어보면 참 사랑
스럽습니다. 지환이가 그렇게 여러 가지 방법으로 자꾸 물어보면 은석이가 얼마 후에 뭐가 되고 싶은 것도 말하게 되겠고 또 지환이가 은석이와 놀면서 알아야 될 만큼 글자를 가르쳐 줄 것입니다. 선생님한테 공부라는 틀 속에서 배우는 것보다 생활 속에서 알아야 될 만큼만 욕심 부리지 않고 절로 알게 되니까 앞선 교육이고 가장 바람직한 교육방법입니다.

지환이가 걱정한 만큼 은석이는 글자를 알아갈 것입니다. 지환이는 어른들이 아이들 가르칠 때처럼 잘난 체를 한다거나 매질까지 해가면서 그렇게 가르치지는 않을 것입니다.

이런 따뜻한 아이들의 세계가 아이들이 모이는 교육기관에서 그때그때 다루어줘야 교육이 살아나지 않겠습니까. 그래서 나는 어른들이 쓴 동시, 동화를 들려주기 보다 또래들 마주이야기를 외우지 않고 발표하도록 합니다. 이런 밝고 깨끗하고 따뜻한 마음이 가득한 하고 싶은 말을 마음껏 하고 듣고 싶은 말을 마음껏 들을 수 있는 교실의 아이들은 어떨까요?

영웅 : (그림 그리면서)
　　　이건 티라노싸우루스. 이건 스테고싸우루스.
유나 : 너는 어떻게 그렇게 공룡을 잘 아니?
영웅 : 그냥 공룡책 많이 보니까 그렇게 됐어.

노는 시간에 동무들과 한 말을 말하기 할 거리로 이어 주기

영웅이가 그림 그리면서 중얼거리는 말을 듣고 유나가 부러워서 견딜 수 없어 한 말. 영웅이는 유나 말이 얼마나 듣기 좋았을까요. 아마 집에 가서

"엄마! 애들이 나보고 '너는 어떻게 그렇게 공룡을 잘 아니' 그래" 하면서 공룡을 더 많이 알아서 애들한테 알려 주려고 공룡책을 즐겁게 더 들여다볼 것입니다. 또 그림 그리는 것을 신기한 듯 들여다보고 또 그런 말 해 주는 유나가 얼마나 고마웠을까요.

어른들이 건성건성 지나치는 것도 쓸데없는 것이라 하면서 몰아세워 아이들을 기댈 곳 없이 외롭게 만들었지만, 또래들은 자세히 살펴서 알아주고 감동하면서 어른들한테 받은 상처를 어루만져 주고 어른들이 가르치는 것으로 도저히 해 낼 수 없는 빈틈을 구석구석 다 채워 줍니다. 그래서 아이들은 또래들 없이는 못 삽니다.

외롭고 외로운 아이들은 어른들 세계에서 겉돌다가 집에서고 학교에서 발가락 하나 차지할 곳 없이 맴돌다 끝내는 집을 나가 알아주는 또래들과 어울립니다. 그러면 또 집 나갔다고 불량배들하고 어울린다고 법석이고, 집에 좀 붙어 있으라고 학교 좀 잘 다니라고 다그칩니다. 알아주는 이 없는, 감동이 없는 곳에서 쓸쓸해서 외롭고 차가워서 추운데, 어떻게 지낼 수 있단 말입니까.

이런 말을 주고 받을 수 있게 한 교육환경은 수준 높은

교실이고 이런 감동스런 마주이야기를 그냥 스쳐 지나가지 않고 여러 아이들이 들을 수 있도록 자리를 마련해 준 교실은 가장 따뜻한 교육환경입니다.

(정리정돈 시간에 지수가 민지가 들고 있던 레고를 뺏으니까)

민지 : 야! 왜 그래, 이거 내가 정리할 거야.

지수 : 지금 정리 시간이야.

민지 : 누가 몰라? 지금 치우고 있잖아.
　　　(하면서 지수를 밀어 지수가 울고 있는 걸 성언이가 보고는)

성언 : 야! 니네들 싸우지 마.
　　　(하면서 민지, 지수 머리를 맞대고 박치기를 시키는 걸 또 재욱이가 보고는)

재욱 : 야 송성언! 넌 싸우고 있으면 말려야지. 박치기를 시키냐?

성언 : 애네들이 싸우니까 그렇지.

재욱 : 싸운다고 박치기를 시키냐, 니가 애네들이라면 이럴 때 기분 좋겠냐?

성언 : 싸우지 말라고 그런 거지.

재욱 : 싸우지 말라고 말로 해야지. 박치기를 시키냐 엉? 빨리 사과해.

성언 : 싫어, 내가 왜 사과해?

노는 시간에 동무들과 한 말을 말하기 할 거리로 이어 주기

민지 · 지수 다툼에 성언이가 끼어들고 또 재욱이가 끼어들어 문제를 해결하려고 자기들끼리 목소리를 높이고 있습니다. 선생님이 먼발치에서 보고, 아이들이 다 모인 곳에서 그대로 발표를 시킨 마주이야기입니다.

이런 다툼은 아이들이 있는 곳이면 흔하게 일어나는 일이며 아이들한테만 일어나는 일이 아니라 사람 사는 세상에는 어디서도 일어나는 문제입니다.

모두 자기가 옳다고 주장하는 이런 싸움은 여럿이 모인 곳에서 마음껏 자기 말을 할 수 있도록 해 줘 이런 부대낌이 삶을 가꾸는 질이 높은 교육으로 자리를 잡도록 해야 할 것입니다. 이렇게 절실한 마주이야기라야만 말을 하는 아이들이나 듣는 아이들의 생각 폭이 넓어져 넓고 시원한 사람으로 자라 여러 사람과 더불어 살아가는 것이 즐거울 것입니다.

이쯤에서 들어 주는 것을 으뜸으로 하는 말하기 교육을 이제 많은 사람들을 모시고 하는 행사로 해 봅시다. 많은 사람들이라는 것도 아이들 자리에서 한 말입니다. 같은 유치원 또래들 앞에서만 하다가 엄마들을 모셔 놓고 발표회를 하니 큰 잔치입니다. 여기서 왜 우리 유치원에는 많은 사람들을 모시고 하는 행사에 잔치란 말을 붙이게 됐는지를 알아보고 잔치 잔치 마주이야기 큰 잔치를 벌여 봅시다.

■ 잔치를 벌여 봅시다

얼마 전에 우리 유치원에서 수업 공개를 한 적이 있습니다. 수업 공개를 하면 다른 유치원에서 많은 선생님들과 원장님이 오고 또 연계수업이라 해서 초등학교 선생님, 교장 선생님까지 온다고 하니, 우리 유치원 식구들끼리만 살던 선생님들은 작고 좁은 유치원에서 어떻게 그런 큰 행사를 치르냐면서 나름대로 긴장을 했나 봅니다. 그래도 어떻게든 잘 해내려고 '수업 공개'란 말을 아이들 앞에서 자주 했는지 하루는 지연이가

"선생님 그거 언제 해요, 몇 밤 자면 해요?"
합니다.

"그거가 뭔데?"
하니, 지연이는 묻는 말에 대답을 해야 하긴 하겠는데 그 말이 입 안에서 뱅뱅 돌고 나오지 않는지

"있잖아요. 왜 그거요. 그거"
하며 이쯤하면 알아들어야지 왜 못 알아듣느냐는 듯 답답해 하더니 얼떨결에

"공부 잔치요" 합니다.

나는 '아 맞다. 공부잔치! 많은 사람들이 공부하는 거 보러 오니까 그거 공부잔치지' 하면서 어쩜 같은 행사를 치르

면서도 수업 공개 준비할 때보다 공부 잔치란 말을 하면서 하니까 부담스럽지 않고 즐겁게 그날을 기다리면서 정말 잔치날을 맞이하듯 했고 잔치날 보내듯 했습니다.

수업 공개란 말뜻은 알지만 입에 익숙하지 않아 쓰고 싶을 때 쉽게 나오지 않으니까, 그 말과 같은 자기한테 딱 맞는 말을 찾아내어 쉽게 말하는 지연이! 지연이만 그런 게 아니라 나도 수업 공개건 공개 수업이건 부담스럽고 어렵게 느껴지긴 마찬가지입니다.

지연이가 공부잔치란 말을 해냈을 때부터 유치원에 많은 사람들이 오는 날은 잔치란 말을 붙이니 아이들이 날마다 잔칫날을 기다리고 보내느라 즐거움으로 가득했습니다. 입학 잔치, 책잔치(아이들 책 전시회), 마주이야기 큰 잔치(말하기 발표회), 말하기 작은 잔치, 여름방학 잔치, 추석 맞이 큰 잔치, 책 읽기 잔치, 내 생활 이야기 잔치, 졸업 잔치.

이렇게 작은 잔치, 큰 잔치 여러 잔치를 손님을 모시고 열어 아이, 어른들한테 말로 더 즐거움을 주게 되니 정말 바른 말, 고운 말, 쉬운 말, 깨끗한 우리 말이 우리 교육을 바르게 이끄는 옳은 길임을 뒤늦게나마 알게 됐습니다.

그럼 이번에는 아이들이 말로 나를 마음껏 나타내도록 아이들이 말을 해서 안고 있는 문제가 드러나 더 시원하게 자라는, 식구들하고 같이 해서 쉽고 재미 있는 마주이야기 큰 잔치를 벌여 봅시다.

4 어머니 아버지와 함께 하는
마주이야기 큰 잔치

맨 먼저 할 일 - 안내장 보내기

잔치를 벌입시다!

유치원에서 왜 아이들 말을 들어 주는 것을 으뜸으로 하는 교육을 하는지, 집에서도 아이들 말을 왜 더 열심히 들어 줘야 하는지를 이런 잔치를 치르면서 되풀이해서 알려야 합니다.

그래서 우리 생활 깊숙이 스며들게 해야 합니다. 보여 주기 위한 것이 아니라 아이들을 위한 잔치이니 한 판이 아니라 열 판이라도 벌입시다.

그럼 먼저 마주이야기 잔치를 알리는 글을 써서 학부모님께 보냅시다.

학부모님과 함께 하는
마주이야기 큰 잔치를 알립니다.

들어 주는 것을 으뜸 자리에 놓고 마주이야기 교육을 하는 우리 ○○유치원에서는, 아이들의 말을 열심히 들어 주고 또 감동하고 하면서 살아 있는 말을 잘하게 하기 위해 마주이야기 잔치를 벌입니다. 더 열심히 들어 주고 더욱 감동하기 위해서지요.

들어 주는 것만이 가장 좋은 말하기 교육 방법입니다. 그러니까 와도 되고 안 와도 되는 잔치가 아니라 꼭 오셔서 들어 줘야 합니다. 날짜·시간을 알려 드리오니 미리미리 시간 내시고 시간 지켜 오시기 바랍니다.

어머니들께서 하실 잔치 준비는, 지금까지 아이 말을 중심으로 쓰신 마주이야기 공책을 아이한테 읽어 주고 어떤 것을 발표할 것인지 한 가지만 고르도록 해서 연습하여 그대로 발표하면 됩니다.

유치원에서 발표하기에 앞서 연습시간을 드리니까 걱정하지 말고 잔칫날을 기다리듯 오시기 바랍니다. 아이한테 "니 말이 재미있다고 많은 사람들이 들으러 온대. 우리 재미있게 연습하자. 말 차례도 맞취 보고 다 들리게 큰 소리로 하자" 하면서 즐겁게 연습하도록 하세요.

중요한 것은 발표를 하면 외우는 것으로 알고 있는데 마주이야기 잔치는 절대로 글을 읽고 외우지 않게 해야 합니다. 아이들이 말할 때 외워서 한 말이 아니니까요. 글을 외우면 글말을 하게 돼 자연스럽지 못하게 되고, 듣는 사람과의 사이에 틈이 생겨 겉돌게 됩니다. 재미없는 말이 된다는 거지요. 연습할 때 절대로 글 쓴 걸 보여 주면서 하지 마세요.

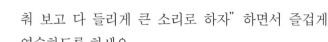

날 짜 : 5월 16일 (금)
장 소 : 각 반 교실
시 간 : (   ) 는 어머니 손잡고 함께
        (   ) 오전 10시 30분
        (   ) 오후 1시
        (   ) 오후 3시에
        시간 꼭 지켜 오세요.

※ 잔칫날 유치원 공부는 하지 않습니다.
※ 유치원 차도 운행하지 않습니다.
※ 유치원에서 정한 시간이 안 맞을 때는 담임 선생님과 의논하시어 시간을 바꾸시기 바랍니다.

○○ 유치원장 올림

아이들과 함께 하는 잔치 준비

마주이야기 잔치를 학부모님께 알려 드리고 나서 선생님은 아이들한테,

"얘들아, 너희들 말이 재미있어서 엄마, 아빠들이 들으러 오신대. 많은 사람들 앞에서 재미있는 마주이야기하다가 떨려서 잊어 버리면 어떡하지? 말할 거 연습해서 하면 떨리지 않고 잊지도 않을 거야. 우리 재미있게 하자. 또 엄마, 아빠들은 너희들 처음 보니까 누군지 어떤 아인지 모르잖니. 그러니까 내가 누구인지 잘 알려 드리고 나서 마주이야기하자."

하고는 한 명 한 명 자기를 알릴 거리를 마련하고 마주이야기(알맹이 말)는 빼지 말고 하도록 합니다.

선생님 : 경민아! 너 어제 유치원에 들어서면서 "아
유! 왜 비가 오지, 눈 오면 우산 안 써도 되는
데 아이 불편해" 그랬지? 그 말 재미있으니
까 경민이 알리는 말로 하자. 한번 해 보자.

이경민 : 나는 이경민인데. 어제 비왔잖아. 유치원에
들어오는데. 우산 들었지. 신발 벗어 들었
지. 그래서.

"아유 왜 비 오지. 눈 오면 우산 안 써도 되는
데 아이 불편해."

그랬어.

선생님 : 승윤아. 너 집에서 어머니한테 "엄마 나 유
치원 한 번 빼면 안 돼요? 피곤해요. 나 유
치원 싫증이란 말예요." 그랬지? 그 말 승윤
이 알리는 말로 하자.

백승윤 : 나는 백승윤이야.

그전에. 내가 엄마한테.

"엄마 나 유치원 한 번 빼면 안 돼요? 피곤해
요." 그러니까, 엄마가 실컷 자고 일어났는
데, 뭐가 피곤하냐고 그래서.

"나 유치원 싫증이란 말이에요."

그랬어.

선생님 : 수정아 너 어머니하고 '진' 짜 이야기 한 거
　　　　수정이 알리는 말로 하면 좋겠어. 애들도 수
　　　　정이 말 듣고 어머 정말 '진' 짜네 할 거야.
이수정 : 나는 이수정인데.
　　　　내가 지난 4월 10일날 저녁에.
　　　　"엄마 아람유치원 장규진 오빠도 '진' 이고
　　　　정여진 선생님도 '진' 이고 우리 아빠 이영
　　　　진도 '진' 이다. 그치."
　　　　그러니까 우리 엄마가
　　　　"어머 진짜네" 그랬어. 그래서 내가,
　　　　"진짜네도 '진' 이네."
　　　　그랬어.

　이렇게 유치원에서 말한 것, 집에서 말한 것을 마주이야기로 해서 자기를 알리는 말로 이어주면 듣고 있던 사람들이 재미있게 들은 만큼 아이에 대해 많이 알게 되고 감동한 만큼 잊지 못합니다. 아이들은 목소리만 들어도 귀여운데, 거기다가 살아 있는 말까지 또랑또랑 담아내면 한없이 사랑스럽습니다.

　아유! 어쩜! 하면서 마주이야기 교육을 들어 주는 교육을 왜 해야 하는지를 알아 갑니다. 학부모님들이 이렇게 깊이 감동하는 것을 보고 아이들은 또 얼마나 즐거울까요.

제 4 부　어머니 아버지와 함께 하는 마주이야기 큰 잔치

앞자리는 어떻게 꾸밀까?

여섯 살·일곱 살 아이들이 지루하지 않은 잔치를 벌여야 하니까 한 반 30명을 열 명씩 나눠서 3회에 하기로 합시다.

앞자리에는 좀 큰 글씨로

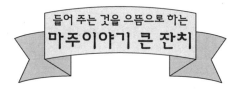

들어 주는 것을 으뜸으로 하는
마주이야기 큰 잔치

이렇게 써 붙여 놓아 즐거운 큰 잔칫날임을 알도록 합니다. 구경꾼 자리 의자는 반달같이 놓고 앞줄에는 아이들, 뒷줄에는 어머니들이 앉도록 합니다. 또 마주이야기를 더 재미있고 쉽게 잘 나타낼 수 있게 하기 위해 마주이야기에 필요한 물건(도구)을 간단히 준비해서 쓰도록 하면 한결 재미있는 무대가 됩니다.

마주이야기를 할 때 보면 밥 먹으면서 한 이야기가 제일 많습니다. 그러니까 밥상을 대신할 유치원 책상과 의자·그릇·숟가락·젓가락 같은 것을 준비해 놓고, 또 방과 마루, 마루와 화장실, 이런 것을 나타낼 수만 있는 칸막이(책상으로 해도 됨)도 마련해 쓰면 마주이야기하는 아이, 듣는 아이 모두 너무 재미있어 흠뻑 빠져듭니다.

여기서 '앞자리 꾸미기'를 말하는 틈새에 선생님들의 지친 모습이 떠오르는 것은 왜일까요? 그것은 유치원에서 행사를 했다 하면 선생님들이 너무 시달리기 때문입니다. 그래서 준비하다 지친 몸으로 행사를 이끄는 게 아니라 이끌리는 자리로 내려가 원장님과 선생님이 하는 일마다 부딪혀 잔치 분위기가 엉망이 될 때가 있다는 말입니다.

행사는 선생님 퇴근시간에 맞는 잔치로 준비합시다. 퇴근도 못하고 밤 늦게까지 준비하는 잔치는 혹시 아이를 위한 잔치가 아니고 보이기 위한 겉치레가 아닐까요?

마주이야기 잔치를 1년에 열 번 정도씩 했지만, 퇴근시간을 늦춰 가면서까지 한 일은 없었습니다. 모든 아이·어른이 참여하는 마주이야기 큰 잔치는 누구나 다 즐겨 할 수 있는 행사가 될 테니, 다음 다음 하고 미루지 말고 하고, 또 해야 합니다. 잘하는 것을 보여 주려고 연습만 하면 평생을 해도 못하고, 못해도 자꾸 보여 주면서 가꾸면 잘해지니까요.

오늘은 마주이야기 큰 잔칫날

마주이야기 잔칫날, 선생님들은 시간 지켜 출근해야 합니다. 모처럼 학부모님들을 만난다고 미장원에 앉아 머리 손질하느라, 또 세탁소 가서 옷 찾느라, 이리저리 시간을 다 써서 제시간을 지켜 갈 수 없는 걸 알았을 때 발을 동동 구르며 이리 뛰고 저리 뛰고 허둥거려도 어느 누구 시간을 멈추게 해 줄 수 없습니다. 이렇게 되고 보면 시작도 하기 전에 그날 잔치에 써야 할 힘을 이미 다 써버리고 지칩니다.

거기다가 잔칫날 아침 유치원은 어떻습니까? 아무리 가정통신문으로 아이들한테 한 번도 아니고 여러 번 되풀이해서

ㅇ 잔칫날은 차 운행하지 않습니다.

ㅇ 공부는 하지 않습니다.

ㅇ 학부모님은 아이 손 잡고 함께 정한 시간 지켜 오세요.

이렇게 꼭꼭 집어 알려도 전화가 와서 받아보면
"왜 유치원 차 안 와요? 30분이나 기다려도 안 와요."
하면서 화내는 분이 있는가 하면, 유치원 모자 쓰고 가방
메고 여느 때와 다름없이 신나게 유치원 문을 들어서는 아
이가 있습니다. 그러니까 잔칫날인 것을 까맣게 모르는 엄
마가 유치원 잘 갔다 오라고 하면서 큰길 건너서 보낸 것
입니다.

이런 일은 어느 유치원이건 어떤 행사건 미리미리 알리
고 또 알려도 일어나는 일입니다. 이러니 선생님들은 일찍
도 늦게도 말고 시간 지켜 출근해야 합니다. 그렇지 않으
면 차 안 온다고 화내는 전화는 누가 받을 것이며, 아무것
도 모르고 유치원 문 앞에서 기다리고 있는 아이는 누가
맞아 주겠습니까?

예쁘게 하는 것도 좋지만, 머리 손질이고 화장이고 유치
원에서 하더라도 출근시간만큼은 지켜야 합니다. 우리 선
생님들 한 분 한 분의 기분이 모두를 이끌어 가는 데 그대
로 이어집니다. 나름대로 날아갈 듯이 기쁜 일이 있어도,
쓰러질 듯 슬픈 일이 있어도, 죽고 싶도록 괴로운 일이 있
어도, 다 뒤로뒤로 감추고 그날 행사 분위기에 맞는, 그동
안 했던 대로 선생님의 꾸준한 모습을 보여 주어야 합니다.

잔치에 맞춰 분위기를 이끌면서 치뤄내는 데는 그만큼 시간을 지키는 것이 얼마나 중요한 것인가를 나·너를 위해서 우리 모두를 위해서 다시 한번 꼬집어 말하는 것은 잔소리일까요.

내친 김에 행사날 아닌 다른 날 출근 시간도 좀 말해봅시다. 출근시간 하면 우리 유치원 신혜경 선생님입니다. 5년이 하루같이 급할 것도 없이 시간이 남게 출근해서는 차 한 잔 타서 자리에 앉아 마시며 그날 할 일을 조용히 생각하며 아이를 반갑게 맞아주시는 선생님! 선생님반 아이들은 가장 안정되고 행복해 했고, 그 분위기는 그대로 학부모님한테와 온 동네에 퍼져 둘레에 있는 사람들을 다 행복하게 해 주었습니다.

그런데 그렇지 못한 선생님은 5년을 하루같이 아침마다 늦어서 허둥대며 뜁니다. 지각을 밥 먹듯이 합니다. 그러니 그 선생님반 아이들은 어떨까요. 주위 사람들은 어떨까요. 생각만 해도 아슬아슬하고 힘이 쭉 빠지는 선생님입니다. 아무 까닭 없이 주위 사람들한테 피해를 줍니다.

그런 선생님들은 "내가 언제 날마다 지각했어요. 가끔가다 했지요." 이렇게 억울하다고 할 말이 많다고 할지 모르지만, 옳은 믿음을 주지 못하면 선생님 생각만 해도 불안하기에 후하게 말을 해도 날마다 지각했다고 할밖에 없습니다.

이런 선생님은 누가 말해서 될 일이 아니고 선생님이 자신을 위해서 풀어야 할 문제입니다. 그렇지 않으면 다른 사람한테 피해를 주는 만큼 뒤로 밀려날 것은 뻔한 일입니다.

마주이야기 잔치 준비하다 말고 출근시간이니 뭐니 하면서 갓길로 너무 갔나 봅니다. 그만큼 여섯·일곱 살 아이들을 맡은 선생님은 잔치를 치르건 그렇지 않건 책임이 많다는 말이 하고 싶어서입니다. 위험한 장난만 골라 하는 녀석들을 데리고, 또 어떻게 보면 그런 녀석들보다 더 힘들게 하는 학부모님들을 모셔 놓고 하는 생방송이니 말이 많아질 수밖에요. 유치원 선생님들은 미리미리 해 놨다 작품만 전시하는 잔치는 녹화방송이고, 아이들이 직접 발표하는 잔치는 생방송이라고 하면서, 이때에 전혀 생각지도 못했던 일이 일어날까 봐 조마조마합니다.

이렇게 하루하루를 보내고 잔치를 아무 탈 없이 치르고 난 저녁은, 그렇게 보냈던 만큼 아주 행복한 시간을 남다르게 보내기도 한다는 것은 그 또래들을 맡은 모든 선생님들의 한결같은 말입니다.

■ 시작은 자연스럽게

마주이야기 발표시간이 10시 30분이면 한꺼번에 시간 지켜 오는 것이 아니고 조금 일찍도 옵니다. 그때부터 선생님은 못다 한 일이 있어도 딱 멈추고 아이한테 관심을 가져야 합니다.

"아유, 대현이가 가장 일찍 왔네. 동생도 왔네."
하면서 눈빛을 골고루 나눠 주고,

"대현아. 나 니 마주이야기 듣고 싶어, 한번 해 보자."
하면서 오는 대로 관심을 가져 주어야 합니다.

우리는 흔히 발표시간이 따로 있어서, 그 시간까지 멀뚱 멀뚱 서로 낯설고 멋적어 하면서 10분을 10시간 기다리듯 하다가 발표시간만 하고 끝나는데, 발표회는 뭐 연습이 아닙니까? 잘하는 것을 보이려고 하는 것이 아니고 앞으로 살아가는 데 불편함이 없도록 도와 주기 위해 하는 과정이 라면 말입니다.

그리고 더 중요한 것은 마주이야기 교육은 가르치는 것 으로 아이를 잡아 두려는 것이 아니라 들어 주는 것으로 관심을 가져 주고 감동하는 교육이니까 한 명이 왔을 때부 터 관심을 정성껏 가져 주면 다음 한 명 한 명한테도 골고 루 관심을 가져 줄 수가 있습니다. 그러니까 그 귀한 아이 들을 관심 밖으로 밀려나게 하지 않으려고 열 명씩(엄마까 지 20명) 나눠서 마주이야기 잔치를 하는 것입니다.

"대현이네는 마주이야기 한 곳이 어디지?"
"부엌이에요. 엄마는 라면을 잡숫고 있었고요. 저는 제 방에서 뛰어나오면서 말했어요."

"그럼 이쯤에다 비스듬히 식탁을 놓고 어머니도 여기 비스듬히 앉으시고, 대현이는 저쪽에서 뛰어나오면서 말을 하고, 이곳에 서서 다음 말을 이어서 해야 돼. 그래야 대현이 잘생긴 얼굴을 구경하는 사람들이 볼 수 있으니까. 어머니가 자리를 잘 잡으셔야 아이가 주인공이 됩니다. 자리를 잘못 잡으면 어머니가 주인공이 됩니다. 그러면 안 되겠지요? 우리는 어디까지나 아이 말을 중심으로 해서 아이가 어떤 일을 하건 주인공이 되어 자라게 하고 싶어 들어주는 마주이야기 교육을 하는 것이니까요."

이렇게 하고 보면 이건 완전 연극이지요. 그러나 연극은 연극인데 사실극입니다. 살아 있는 말극이지요.
"자, 시작하세요."

• 여섯 살 대현이네 마주이야기

(어머니가 식탁에서 라면을 먹고 있을 때 대현이가 자기 방에서 뛰어나오며)
대 현 : 엄마, 뭐 먹어?
어머니 : 라면.
대 현 : 나도 한 입만.
어머니 : 안 돼. 너 라면 주면 할머니한테 엄마 혼나. 영양가 없는 거 먹인다고.

대　현 : 영양가가 왜 없어? 라면도 있고 국물도
　　　　있는데. (하면서 한 입 넣어 달라고 입을 딱
　　　　벌리며) 아 -.
동　생 : (여기저기서 놀던 동생도, 형이 '아' 하고 입
　　　　여는 소리를 듣고 와서는) 아 -.

• 일곱 살 영주네 마주이야기

영　주 : (아침을 먹으면서) 엄마! 왜 반찬이 두 개
　　　　밖에 없어?
어머니 : 그냥 먹어. 아빠 없으니까 그냥 이거만 먹
　　　　자 응.
영　주 : 엄마는 왜 아빠 있을 때는 반찬이 많고 우
　　　　리끼리 먹을 때는 반찬이 없어?
어머니 : 귀찮아서 그래. (짜증스럽게) 그냥 먹어.
영　주 : (입을 쑤욱 내밀고) 엄마는 날마다 그래.
　　　　그럼 난 키도 크지 마?

　여섯 살 대현이네가 하도 재미있게 마주이야기를 하길
래, 나중에 전국 유치원 교사 강습회에서 마주이야기 강의
를 할 때 더 잘 알리기 위해 대현이네를 오라고 했습니다.
　그런데 그 높은 무대(정동체육관)에서도 네 살짜리 동생

이 형이 '아-' 하기만 하면 영낙없이 차례에 맞게 박자에 딱 맞춰 나와 '아-' 하자, 아이들이 좋아 천직으로 알고 더 잘해 주기 위해 모인 선생님들은 '와!' 하는 놀라움과 함께 아낌없는 박수갈채를 보냈습니다.

• 일곱 살 영균이네 마주이야기

영　균 : 엄마! 나 다 못 먹어요. 다이어트할 거에요.

어머니 : 왜?

영　균 : 너무 많이 먹어서 몸이 무거워요.

어머니 : 영균아. 지금은 많이 먹어도 살은 찌지 않고 키만 자라. 그러니까 다이어트는 나중에 해.

영　균 : (조금 있다 탕수육을 먹으면서) 내가 왜 이렇게 맛있는 걸 놔 두고 다이어트를 해.

이렇게 한 집 한 집 마주이야기할 자리를 잡아 주며 연습하게 한 다음, 마주이야기 잔치를 시작하도록 합니다.

시작하는 말은 이렇게

███ ██

선생님은 시작하는 말을 그때 그 자리에 맞는 말로 풀어 나가야 합니다. 이미 한 명 한 명 눈맞춤까지 하며 인사를 다 했는데도 새삼스럽게 "안녕하세요?" 하면서 틀속 말을 하는 것을 보게 되는데, 그것도 다 죽어 있는 말 교육을 받은 우리 선생님들의 어쩔 수 없는 말버릇입니다. 이제부터는 그렇게 해서 애써 준비한 잔치를 겉돌게 만들지 말아야 합니다.

외우지 않고 하면 쉽게 고쳐 나갈 수 있습니다. 아이들한테 글말을 하지 못하도록 하기 위해 외우지 말도록 신신당부한 것처럼 선생님도 할 말을 절대로 외워서 하지 말아야 합니다. 외우지 않고 하면 말이 헛나오지도 않고, 쓸데없는 말도 하지 않게 되고, 잔치 사이사이에 틈도 생기지 않고, 또 외운 것을 기억하느라 아이들한테 가야 할 눈빛이 머리 쪽으로 올라가는 일도 없게 되고, 또 잊어 버릴 염려도 없으니 얼마나 좋습니까.

선생님은 오늘 왜 이렇게 바쁘고 바쁜 어머니들은 오라고 해서 마주이야기 큰 잔치를 하루 종일 하게 됐는지 저번 가정통신문에 보낸 대로 짧게 분명히 해야 합니다. 아이들을 위해서 하는 잔치니까 말도 아이들한테 맞게, 시간도 아이들한테 맞게 해야 합니다.

"애들아, 너희들이 집에서 한 말 엄마, 아빠들이 마주이야기 공책에 쓴 거 읽어 보니까 정말 재미있더라. 또 조금 전에 마주이야기 연습하는 거 보니까 너무 재미있어서 빨리 또 보고 싶어. (엄마, 아빠들한테) 엄마, 아빠들도 빨리 보고 싶지요? 그런데 얘들아, 동무들이 하는 마주이야기 재미있으면 조용히 듣고, 또 웃기도 하고, 또 울기도 하면서 봐. 그리고 끝나면 속으로만 '아유 재미있다.' 그러지 말고 겉으로 말해 줘, 응. 이렇게 말야.

대현아, 니가

"영양가가 왜 없어. 라면도 있고, 국물도 있는데."
한 말 참 재미있었어. 우리 어머니도 라면 많이 먹으면 뼈가 부서진다고 못 먹게 해. 맛있는데…….

영주야. 니가 어머니한테

"엄마는, 왜 아빠 있을 때만 반찬이 많고, 우리끼리 먹을 때는 반찬이 없어?"

한 말도 재미있게 들었어. 우리 어머니도 그러는데……

영균아. 니가

"내가 왜 이렇게 맛있는 걸 놔 두고 다이어트를 해."

한 말 재밌게 들었어.

"너 살도 없는데 뭘 다이어트한다 그러니?"

이렇게 말해 주면 더 재미있겠지? (엄마, 아빠들한테) 엄마, 아빠들도 그렇게 해 주세요. 더 들어주고 감동해주려고 마주이야기 잔치를 하는 거니까요. 자 그럼 누구부터 마주이야기 할까? 종훈이가 어머니 손을 잡고 나오네.

우리는 이렇게 했어요

> • 일곱 살 종훈이네 마주이야기
>
> (식탁 앞에 앉아)
>
> 종　훈 : 엄마. 야하다.
>
> 어머니 : 어마! 우리 종훈이가 야한 것도 알아.
> 　　　　 야한 게 뭔데?
>
> 종　훈 : 엄마 옷이 어깨 아래까지 내려가 살이
> 　　　　 보이잖아. 그걸 남자가 보면 야한 거지.

　일곱 살 종훈이는 나중에 아버지와 준비 없이 마주이야기를 발표할 때 하고 싶은 말을 해서 많은 박수를 받기도 한 녀석인데, '엄마. 야하다'는 그림을 그린 걸 보니 정말

옷이 어깨 아래까지 내려가 속살이 다 보이게 야하게 그려
놓았습니다.

● **다섯 살 지욱이네 마주이야기**

지　욱 : 엄마, 왜 나보고 애기라고 해요?
어머니 : 애기니까, 왜 애기가 아니야?
지　욱 : 네. 형이에요.
어머니 : 왜 형이야.
지　욱 : 사탕 깨물어 먹으니까요.
어머니 : 애기는 어떻게 먹는데.
지　욱 : 빨아 먹어요. 이것 봐요. 나는 깨물어
　　　　먹지요.

　다섯 살 지욱이도 하고 싶어 견디지 못하고 한 말을 사
람들 앞에서 말할 거리로 마련하고 어머니와 함께 나와서
발표를 했습니다. 아무리 어려도 지욱이가 한 말이니 외우
지 않아도 되고, 지욱이가 자라는 데 맞게 한 말이니 어려
울 것도 없고, 마주한 어머니 말은 어머니가 해 주니 지욱
이가 한 말만 하면 되고, 지욱이가 하고 싶은 말을 하니 딱
맞아 듣기도 거북하지 않고, 그러니 듣는 사람들도 지욱이
가 귀여워서 못 견디겠다는 듯이 들어 주니 얼마나 좋습니
까? 지욱이한테 이렇게 딱 맞는 발표거리를 누가 가르칠

수 있단 말입니까!

지욱이는 감동하며 듣는 사람들한테 자신감을 얻었는지, 한 가지 더 하고 싶다고 했습니다.

지　욱 : 엄마, 참외 깎아 주세요.
어머니 : 지욱이 혼자 다 먹어라.
지　욱 : 누나하고 나눠 먹어야 해요.
어머니 : 왜? 넌 아들이니까 다 먹어야 돼.
지　욱 : 안 돼요. 누나들이 침을 꼴깍꼴깍해요.
　　　　먹고 싶어서요.
어머니 : 아이구 내 새끼. 착하기도 하지. 그래 같
　　　　이 먹어야 되는 거지. 그래야 더 맛있지.
지　욱 : 네, 엄마.

지욱이 말 속에 다섯 살 지욱이가 가득 들어 있습니다. 참외를 나눠 먹지 않으면 누나들이 얼마나 먹고 싶어 할까 하는 마음 씀씀이까지…….

이렇게 지욱이가 모든 것을 나타내는 말은 선생님이 가르친 것일까요? 선생님한테 배운 것일까요? 애써 힘들이지 않고도 살아가는 데 필요한 만큼 생활 속에서 터득한 말입니다.

아이들 말 참 재미있지요? 그런데 지금까지 우리 교육은, 돈 한 푼 들이지 않고 하는 말이라고 애써 배운 말이 아니라고 선생님한테 배운 말이 아니라고, 그동안 집에서나 교육기관에서 교육밖으로 내쫓아버렸지요? 그리고 '말도 되지 않는 말을 가르친다고 외우라 하고 못 외운다고 야단치고……'를 되풀이하다가 집에서고 학교에서고 말벙어리만 만들어 왔지 않았습니까?

다음은 일곱 살 민경이가 경상도 말을 하는 할머니를 모시고 나왔습니다.

● 일곱 살 민경이네 마주이야기

(민경이가 유치원 갔다 집에 들어서며)

민경이 : 할머니, 애들이 때려, 잉.

할머니 : 왜 때리노?

민경이 : 몰라 잉. 가만히 있는데 때려 잉.

할머니 : 가만히 있는데 왜 때리노. 가만히 있는데 왜 때리노 말이다, 어잉? 넌 손이 없나 발이 없나. 왜 못 때리고 날마다 울고 들어오나 말이다. 엉.

(손이 없나 발이 없나 하면서 야단 맞던 민경이가

두 손을 유심히 들여다보다가)

민경이 : 할머니, 난 때리는 손 없어 잉.

할머니 : (어쩔 줄 모르고 덥석 안아주며) 맞대
이. 우리 민경이는 때리는 손 없대이.

나는 "난 때리는 손 없어 잉" 하는 이야기를 며칠 전 할머니가 쓴 마주이야기 공책에서 읽고는 그 손이 보고 싶어 견디지 못하고 민경이 반으로 달려간 적이 있습니다.

마침 민경이는 담임 선생님과 무언가 마주이야기를 하고 있을 때라 끼어들지 못하고 민경이가 알지 못하게 뒷머리만 살짝 쓰다듬어 주고 왔습니다.

할머니가 무섭게 다그치며 때리라고, 왜 못 때리냐고, 했는데도, 민경이는 예쁜 손을 때리는 손으로는 절대 쓸 수 없다고 버팁니다.

착하고 고운 우리 민경이가 이런 부대낌 속에서 자라면서도 애써 삶을 가꾸는 모습이 내 몸 깊숙이까지 들어와 내가 가는 길까지도 환히 밝혀 줍니다.

어른들끼리도 나도 참을 만큼 참았다, 이젠 더 이상 참을 수 없다, '칼에는 칼, 이에는 이' 하면서 싸움이 붙었을 때 어떤 일이 벌어질 것이라는 것을 뻔히 알면서도 안 좋은 것을 더 안 좋게 하는 쪽으로 가는 사람들을 흔히 볼 수 있지 않습니까!

이런 세상에서 민경이가 하는 말을 들은 사람들은 "어마!" 하면서 금방 맑고 깨끗한 세상에서 사는 듯, 살맛 나는 세상에서 사는 듯 즐거워했고, 그런 감동을 준 민경이한테 고마운 눈빛을 보냈습니다.

그동안 모든 유치원에서는 아이들의 심성을 아름답게 가꿔 주기 위해 문학교육(동시 짓기, 시 낭송하기, 동화 듣기, 구연하기)을 열심히 해왔습니다. 그런데 나는 들어 주는 마주이야기 교육을 하면서부터 아이들이 잘 자라기를 바라면서 어른들이 쓴 동시·동화 작품들이 아이들에게 깊이 스며들지 못하고 겉돈다는 사실을 알게 되었습니다.

그도 그럴 것이, 아무리 아이들 속으로 들어가 녀석들의 말을 노래하고 글을 쓴다 해도 자꾸만 어른 자리로 되돌아가, 잘 자라 줬으면 하는 바램이 들어 주기보다 가르치려 드는 쪽으로만 기울어버려, 다섯·여섯·일곱 살박이를 위한 아동문학이 아이들을 더 답답하게 했다는 생각이 듭니다. 어른들은 아이들을 위해서 동시를 쓴다고 하지만, 아이들은 자기들을 들볶아대기 위해 쓴 것쯤으로 아니까요.

"너, 이리 나와 봐. 너 이 손 왜 있는 거야?"

"……."

"왜 있는 거야?"

"밥 먹으라구요."

"또."

"그림 그리라구요."

"또."

"글씨 쓰라구요."

"그런데 왜 애들 때려 엉. 왜 애들 때렸어 엉."

이젠 이렇게 야단치고 가르치는 교육에서 떠나 아이들 말에 감동한 만큼 아이들 말을 또래들한테 되돌려 감동이 일렁이는 그런 들어 주는 마주이야기 교육을 하고 싶습니다. 어린 민경이처럼 옳은 주장을 해야 할 때는 하면서 삶을 가꾸며 아이들을 만나고 싶습니다.

• 일곱 살 윤성이네 마주이야기

(2층에서 어머니가 애기를 안고 아래층을 내려보며)

어머니 : 윤성아-.

윤　성 : 네에-.

어머니 : 냉장고에서 애기 우유 좀 갖고 와.

윤　성 : 네. (계단을 퉁탕퉁탕 올라와서는) 여기 있어요. 그런데 엄마, 왜 우리 집에선 나만 심부름시켜요. 내가 뭐 심부름꾼이에요?

윤성이가 따지듯 묻는 말에 어머니는 할 말이 없었을 것입니다. 윤성이는 할아버지, 할머니, 아버지, 어머니, 동생 둘, 이렇게 많은 식구들 틈바구니에서 사니 얼마나 잔심부름이 많겠습니까? 일곱 살 윤성이를 보지 못해 못 시킬 정도로 심부름할 것이 많을 겁니다. 아무리 하기 싫어도 해야 됩니다. 그렇지 않으면 심부름보다도 더 싫은 잔소리를 듣게 되니까요.

유치원에서 윤성이는 또래들보다 목소리가 작습니다. 아니 집에서는 크다는데, 유치원에서만 작습니다. 가만히 보면 유치원에서도 놀 때는 아주 큰데 앞자리에 나가 말만 하라 하면 모기 소리 만하게 합니다. 그런데 이번 마주이야기 잔치에서 무대를 넓게 쓰니까 원래 제 큰 목소리가 나왔습니다. 윤성이 마주이야기 무대는 위층과 아래층입니다. 그래서 어머니는 잔치교실 앞자리를 2층이라 하고 윤성이는 옆반이 1층이라 하고 하도록 했습니다.

어머니가 "윤성아아-
하고 크게 불렀고, 윤성이도 이쪽 교실까지 들리게
"네에-
하고 소리를 크고 길게 뽑았습니다.

그 바람에 마주이야기 잔치 할 때마다 알아들을 수 없을 정도로 작은 소리로 해서 보는 사람들을 안타깝고 답답하게 했는데, 이번에는 탁 트인 큰소리를 듣게 됐습니다. 어

머니와 듣던 사람들이

"아유! 목소리 커졌다. 가장 잘 들렸다. 어쩜 그렇게 목소리가 우렁차냐."

하는 소리를 들으면서 윤성이는 집에서처럼, 놀 때처럼, 앞자리에서 발표할 때도 어깨를 쫙 펴고 큰소리를 낼 수 있게 됐지요.

앞자리에 세웠을 때 부끄럽고 쑥스러워 윤성이처럼 목소리가 작은 아이들도 있지만, 손장난, 발장난, 치마들어 올리기, 손가락 입에 넣기, 한쪽 발등 위에 다른 발을 올려 놓기, 이런 몸짓부터 해서 눈을 듣는 사람한테 주지 않고 천장이나 바닥, 창문 저 너머를 보는 아이들도 있습니다. 눈빛도 말을 다 듣는 사람한테 주지 않고 딴 데만 보니 말하는 사람과 듣는 사람 사이가 멀게만 느껴집니다.

마주이야기 발표하기에서는 혼자 말하기 발표에서처럼 저렇게 숨막히게 안타까운 일은 없지만요. 그렇지만 마주이야기도 많은 사람 앞에서 할 때, 아무도 없는 집에서 할 때처럼 이야기 나누는 사람하고만 눈을 맞추고 합니다. 듣는 모든 사람한테 말도 주고 눈빛도 주고 하면서 해야 하는데 그게 잘 안 됩니다.

듣는 사람쪽에서 보면 아이의 옆 얼굴만 보이는 거죠. 그래서 부담없이 아이가 얼굴과 입과 눈빛을 듣는 사람한테 주도록 하기 위해 마주이야기 발표할 때마다 아이는 앞에 세우고 아이와 마주이야기할 사람은 듣는 사람들 뒤에서서 마주이야기 하도록 했습니다.

이렇게 하니까 아이가 앞을 볼 수밖에 없기에 앞자리에서 듣는 많은 사람들과 가까워졌습니다.

아이들은 앞자리에 나오면 거의 다 움츠러듭니다. 그 모습을 본 어머니들은

"아니 얘가, 집에서는 제 세상인데. 이럴 수가."

하면서 내 아이한테 있을 수 없는 일이라고 고개를 갸웃거립니다. 우물 안 개구리란 말은 내 아이와 상관없는 말이라고 알아왔으니까요.

그렇습니다. 집은 태어날 때부터 익숙한 곳입니다. 유치원은 낯선 곳이고, 거기다가 앞자리는 더욱 낯섭니다. 더군다나 열심히 가르치는 교육은 아이들을 구경꾼으로 자리잡게 만들었다가 별안간 앞자리에 세워 놓고, 날마다 앞자리에 세워 준 것처럼 잘하라니, 그게 될 법이나 한 말인가요.

말 잘하게 하려면 자꾸 하는 말이지만 자리를 바꿔 앉아야 합니다. 아이들도 하고 싶은 말 좀 하면서 자라게 앞자리를 비켜주고 들어주어야 합니다. 가르쳐서 말 잘하는 사람 있으면 그렇게 해야 되겠지만, 나는 지금까지 그런 사람은 한 명도 보지 못했습니다.

하고 싶은 말 하면서 자란 사람들이 그래도 다른 사람들

이 듣고 싶은 말을 할 줄 압니다. 그것만이 말하기를 잘하게 할 수 있는 길입니다. 쉽고 재미있는 마주이야기 교육으로 주위를 따뜻한 말로 이끌어갈 수 있는 사람으로 자라게 합시다.

> ● 여섯 살 민석이네 마주이야기
>
> 민석 : 형아, 지구가 어디 있어?
> 형　 : 우리가 살고 있는 곳이야.
> 민석 : 우리가 살고 있는 곳은 서울이잖아. 지구에
> 　　　서울이 들어 있어?
> 형　 : 응. 지구 바깥이 우주야.
> 민석 : 그럼. 우주 바깥은 뭐야?
> 형　 : 안 가 봐서 몰라.

민석이는 초등학교 4학년 형과 나와서 마주이야기를 했습니다. 중학교 선생님인 어머니가 시간을 못 내서 형이 학부모로 온 것입니다.

아무리 했던 말이지만, 또 하려면 쑥스러워 자연스럽지 못할 수도 있고. 그런데 어찌나 천연덕스럽게 하는지. 난 민석이와 형이 마주이야기를 하는 동안 무슨 말을 하는지 듣기보다는 다정하게 주거니 받거니 하면서 마주이야기를

하는 모습이 너무 보기 좋아 넋을 잃고 보다가 또 코끝이
시큰해졌습니다.

동생들은 아버지 어머니보다 형을 하늘같이 높게 봅니
다. 형이 갖고 있는 물건도 대단해 보이고, 공부하는 책도
왜 그렇게 높게만 보이는지…… 오늘 민석이는 어머니하
고 한 것보다 형하고 마주이야기한 것이 더 좋은지 싱글벙
글합니다. 형도 3년 전 유치원 다닐 때 어머니하고 마주이
야기한 것이 생각난다고 웃습니다.

뚱뚱보란 말이 듣기 싫어서 '유치원 안 갈래 병'에 걸려

• 민석이 형(민엽)이 유치원 다닐 때 한 마주이야기

민　　엽 : 엄마, 나 귀찮아서 유치원 안 다닐래.

어머니 : 뭐? 유치원 안 간다고? 너 왜 그러는지
　　　　 엄마한테 자세히 얘기해 봐.

민　　엽 : 그럼 엄마, 야단치지 마. 애들이 놀렸
　　　　 어. 뚱보라고 말이야! 엄마, 나 이제 밥
　　　　 안 먹을래. 밥 안 먹으면 날씬해지지?

어머니 : 아니야. 너 안 뚱뚱해. 니가 얼굴이 하
　　　　 얗고, 둥그렇게 생겨서 약간 통통해 보
　　　　 이는 거야.

민　　엽 : 그래도 애들이 놀려! 난 이제 유치원
　　　　 안 가! 절대 안 가!

어머니 : 그러지 말고 내일 엄마하고 같이 유치
         원 가자. 엄마가 데려다 줄께.
민 엽 : 엄마는 학교 안 가고?
어머니 : 너 데려다 주고 갈께.
민 엽 : 싫어. 할머니하고 갈래. 할머니가 애기
         업고 가서 자유놀이 시간에 내 옆에 지
         키고 있으라고 해. 자유놀이 시간에 그런
         단 말이야!

출근 시간에 쫓기는 엄마를 붙잡고 유치원에 왔던 민엽이.
4년이 지난 지금 보니 뚱뚱하기는커녕 늘씬하기만 하네
요.

• 여섯 살 윤원이네 마주이야기

언니 : 아빠! 나 삐삐 빌려 줘.
윤원 : 언니! 애들은 가짜 삐삐 갖는 거야. 어른
       삐삐 빌려 달라고 그러면 안 돼.
언니 : 혜승이 언니도 삐삐 가지고 다닌단 말이야.
윤원 : 혜승이 언니한테 언니라고 그러지 않아?
       그러니까 혜승이 언니는 언니보다 크잖아.

윤원이 말을 듣던 사람들 모두가 윤원이 얼굴처럼 귀엽고 예쁜 얼굴로 바뀝니다. '아! 그래' 하며 감동하는 그때 모습은 하나같이 똑같습니다. 이런 말도 윤원이 온 몸으로 한 것이지, 어떤 한쪽 끝에서 나온 말이 아닙니다. 입으로만, 입술로만 하는 말이 아닙니다.

• 일곱 살 다영이가 아버지와 한 마주이야기

다　영 : 랄라라라 랄라라 ♬♪
아버지 : 텔레비전 좀 보게 조용히 해, 임마.
다　영 : 임마도 욕이에요. 임마라고 그러지 마세요.
아버지 : 어른이 애들한테 하는 것은 괜찮아, 임마.
다　영 : 어 또 임마라고 하네. 임마라고 그러지 마세요.
아버지 : 알았어, 임마.
다　영 : 어 또 그러네. 아빠! 임마라고 하지 말라니까요. 다영이라고 하세요.

다영이와 아버지가 마주이야기를 시작하는가 하면 재미있어서 그런지 금방 끝나 버립니다. 다영이와 아버지가

'임마' 소리만 하면 듣는 사람들은 웃지 않고는 못 견딥니다. 다영이는 아버지한테 임마라고 그러지 말라고 하지만 아버지로서는 가장 사랑스러운 딸이 잘 자라 주기만을 바라면서 했을 것입니다. 귀한 자식이 잘 자라 주기를 바라면서 어른들은 강아지니, 똥개니 하는 이상한 이름을 불러 주지 않습니까? 다영이 아버지도 같은 마음이었을 것입니다. 다영이도 말은 그렇게 하지만 아버지의 깊은 마음을 벌써 알고 있을 것이고…….

이렇게 열 명 아이들이 다 나와서 마주이야기를 했습니다. 아이들만 하는 잔치가 아니고 어머니고, 형이고, 언니고, 동생이고, 아버지고, 잔치에 온 사람은 다 앞자리에 나가서 가장 짧지만 가장 감동적인 말을 하는 것이 마주이야기 잔치입니다. 길어도 15분이면 끝나는 잔치입니다. 이때 선생님은 다같이 부를 수 있는 노래를 한 번 부르게 하고

"정말 너무 재미있어서 한 번 더 듣고 싶다. 한 번씩만 더 하자."

하면 이번에는 더 자연스럽게 그래서 더 재미있는 마주이야기 잔치가 벌어집니다.

"오늘 이렇게 재미있는 말 들려 줘서 정말 참 재미있었어. 다음에 이런 잔칫날 또 마련해서 더 재미있는 마주이야기 잔치 벌이도록 하자. 또 동무들이 한 말 속으로만 재미있다고 생각하지 말고 겉으로도 재미있다고 꼭 말해 주

자. 어머니들도 일어나서 아이마다 돌아가며 감동한 만큼, 그렇지 않았더라도 잘하도록 하기 위해 감동을 알려 주세요. 아이들이 하고 싶은 말을 잘할 수 있게 들어 주는 자리를 지켜 주신 학부모님 고맙습니다. 이것으로 오늘 큰 잔치는 모두 마치겠습니다."
하고 분명히 오늘 잔치가 끝났음을 알립니다.

　아이들 어머니들이 다 일어나서 서로 인사하며
　"윤원아! 언니가 혜승이 언니한테 언니라고 하니까 언니는 애들이구나. 그러니까 가짜 삐삐 갖고 다녀야지?"
　"민석아! 정말 우주 바깥은 뭘까? 나도 궁금해 죽겠어."
　"윤성아! 아유 가엾어. 윤성이만 보면 식구들이 심부름 시켜? 얼마나 귀찮을까!"
　"아유 민경아! 민경이는 때리는 손 없어? 우리 민경이 예쁜 손 좀 만져 보자."
　"다영아, 아버지가 자꾸 임마라고 했어?"
　"지욱아, 지욱이는 형이야? 사탕 깨물어 먹으니까."
　"지욱아, 참외 나눠 먹어야 해? 누나들이 침을 꼴깍꼴깍 하니까."
　"종훈아, 종훈이 말 맞아. 옷이 어깨 아래까지 내려가면 하얀 속살이 보이니까, 그걸 다른 남자가 보면 야한 거지. 여자가 보면 야한 것 아니고. 그치?"

하면서 돌아가며 감동한 만큼 서로 이야기 나누는 시간을 충분히 주도록 합니다.

보통 이런 잔치·발표회를 ○○대회 ○○대회 하면서 '심사위원석' 하고 자리를 마련하고 숫자로 잘잘못을 가름하고 트로피니 메달이니 하면서 안겨 주는 것을 봅니다. 장려상·우수상·최우수상·특상 이렇게 아이들을 숫자로 울타리를 만들어 상 이름을 정하고, 또 요즘에는 상 이름도 높은 줄 모르고 올라가 최고상이 높은 건지 최우수상, 아니면 특상이 높은 건지 모르게 자꾸 기어올라 갑니다. 거기다가 참가비만 내면 상을 다 주고(팔고) 더 내면 더 높은 상을 주고(팔고) 상에 미친 사람들이 상을 얼마든지 받을 수 있는 단체도 아주 많이 있습니다.

그래서 본래 목적은 이미 사라지고 '상'에만 눈이 팔려 따뜻한 세상을 만들기보다는 반대로 샘내고 질투하고 불평하느라 힘을 다 빼는 일이 이곳저곳에서 벌어지고 있습니다.

들어 주는 것을 으뜸으로 하는 마주이야기 잔치에서는 이런 상일랑 주지도 받지도 맙시다. 우는 것까지도 들어 주려는 마주이야기 교육은 들어 주고 감동하고 알아 주는 일이 그런 상보다 아이를 아주 행복하게 해 줍니다.

들어 주는 것이 상입니다. 감동하는 것은 더 큰 상입니다. 감동하고 그 감동을 삶으로 이어 가꿔주려는 것이 마주이야기 잔치입니다. 아이들 말을 더 많이 들어 주고 감동하면서 알아 주고 서로 따뜻한 감동을 나눠 가지려고 하는 것이 마주이야기 잔치입니다.

이런 일도 있었어요

■ 마주이야기 안 하겠다고 떼 쓰던 구름아가씨

이렇게 감동스런 마주이야기 잔치가 그냥 감동으로만 끝나면 오죽 좋으랴. 그런데 이런 저런 일로 아이가 안 하겠다고 버텨, 아이·어머니·선생님 모두가 힘겨운 시간을 보낼 때가 있습니다.

여섯 살 소연이는 뭉게뭉게 피어오르는 구름 같아서 모두 구름아가씨라 불렀습니다. 그래서 그런지 옷도 꼭 구름 같은 옷만 입고 다녀 영락없는 뭉게구름이라 많은 사랑을 받으며 뭐든지 잘했습니다.

마주이야기 잔칫날, 음악학원을 하는 어머니는 시간 맞

춰 같이 오지 못하고 구름아가씨만 아침 차 태워 종일반으로 보냈습니다. 구름아가씨는 아이들과 잘 놀았습니다. 마주이야기 잔치 1회 시간인 10시가 되자 지수·효진·웅수·규진이 어머니가 오셔서 마주이야기를 했습니다. 또 2회 시간인 오후 1시가 되자 공다슬·배현경·이경민·김유나·김은성 어머니가 오셔서 아이들을 데리고 각 반으로 마주이야기하러 갔습니다.

오후가 되자 구름아가씨는

'우리 엄마는 언제 오나?' 하고 혼자 중얼거리더니 다른 어머니가 오면

"우리 엄마는 언제 와요?"

하고 묻고, 또 다른 어머니가 오면

"우리 엄마는 언제 와요?" 하며 노래하듯 물었습니다. 선생님이

"아마 3시에 오시려나 보다" 하니까 구름아가씨는 시계도 볼 줄 모르면서 시계를 들여다보며 기다립니다.

1분 지나면 3시가 되는 줄 아는지, "우리 엄마는 왜 아직도 안 와요?" 묻고 또 묻고 하다가는 아예 유치원 문간에서 버티고 서서 바깥만 내다봤습니다.

3시가 가까워지자 방지훈·박형주·홍유진·박현성 어머니가 오셔서 아이들을 데리고 병아리반으로 가고, 또 이수정·이승재 어머니도 오셔서 작은토끼반으로 가고, 홍혜

진 어머니도 혜진이 손을 잡고 해님반으로 올라갔습니다.

구름아가씨 어머니는 기다리고 기다려도 오지 않았습니다. 그렇지만 구름아가씨는 잠시라도 한눈 팔면 그렇게 보고 싶은 어머니를 늦게 볼지도 모른다는 생각이 들었는지 바깥쪽만 보고 쪼그리고 앉아 꼼짝도 안 합니다.

그때 헐레벌떡 이종석·이나연 어머니가 왔습니다. 그런데 도대체 구름아가씨 어머니는 어떻게 된 걸까요? 바로 그때 저쪽에서 어머니가 허겁지겁 달려왔습니다. 구름아가씨는 어머니 품에 안겨 엉엉 웁니다. 마주이야기고 뭐고 어머니 품에서 조금도 떨어지지 않고 푹 파묻혀서 꼼짝도 안 했습니다. 담임 선생님이 마주이야기를 하라고 애원을 해도 어머니가 이런 말 저런 말로 달래도 듣기 싫다는 듯 머리를 돌려 버렸습니다. 어머니는 '얘가 지금까지 이런 적이 없는데 왜 이럴까' 하면서 유치원에서 무슨 일이 있었느냐고 물었습니다.

그런데 초등학교에 근무하는 혁주 어머니도 혁주를 강제로 끌다시피하고 교실로 들어왔습니다.

'아니 이게 웬일일까?'

"혁주야, 왜?"

해도 대답이 없습니다.

일곱 살 혁주야말로 같은 또래들이 "혁주 형 혁주 형" 할 정도로 의젓하게 형 노릇을 하던 녀석인데, 어머니 옆에서 다섯 살 애기짓을 하고 있는 게 아니겠습니까?

"혁주야, 왜 그래 응" 하니까

"엄마가 늦게 와서 마주이야기 잔치 늦었잖아요."
하면서 울 듯이 원망스러운 듯 서 있습니다.

어머니들이야 일하느라 정신없이 시간이 지나갔겠지만,
하루 종일 어머니들이 들락거리는 잔칫날 아이들은 다른
날과 다르게 어머니를 기다리고 기다립니다. 그런데 마지
막 3회 시간까지 기다리는 것도 지치는데, 거기다 또 늦었
으니…….

유치원에서 기다리든 집에서 기다리든 구름아가씨나 혁
주나 다 기다리다 지칠 수밖에……. 거기다 어머니를 좇아
오느라 숨차고, 그렇게 왔는데도 늦었으니, 조금 남아 있
던 힘까지 다 빠져 이제 아무것도 할 수 없을 것입니다. 그
런데도 또 마주이야기 발표 하라 하라 하니 답답해서 엉엉
울 수밖에. 두 다리 뻗고 아예 시원하게 울어댑니다.

또 지원이 어머니는 아이를 데리고 화장실로 데려가

"너, 할 거야 안 할 거야 엉? 그렇게 떼 쓰고 안 하기만
해 봐. 집에 가서 가만 안 둘 거야. 할 거야 안 할 거야?"

이렇게 억지로 다그쳐서 대답 아닌 억지 대답을 받아내
고 그것도 대답이라고 약속한 거라고 그 어린 것을 앞에다
세워 놓고 잘하라고 박수까지 쳐댑니다. 지원이는 어머니

가 없으면 하고 어머니가 보이기만 하면 겁먹고 눈물만 한 없이 쏟아냈습니다.

잘하라는 것만 잘하는 게 아니라 그것보다도 더 잘하던 녀석들이 왜 이렇게 별안간 생떼쟁이가 됐을까요. 아이들이 이렇게 고집을 부리고 떼를 쓰는 것도 구름아가씨처럼 분명한 까닭이 있어서입니다. 기분 좋게 마주이야기하는 아이한테

"고집부리고 떼 써. 어서어! 고집 부리고 떼 쓰라니까!"

이렇게 고집부리고 떼 쓰라 해도 아이 기분에 맞지 않는 짓은 못 하는 것처럼, 기분 나빠서, 기다리느라 지쳐서, 또 다른 까닭으로 하기 싫은데 하라 하라 해도 할 수 없는 것도 마찬가지입니다.

떼 쓰는 건 쉬운 일입니까? 뭐가 좋다고 누가 좋아한다고 그 짓을 하겠습니까. 떼! 고집! 아이 말을 들어 주고 알아 줘도 그럴까요! 언제나 그렇듯이 아이 말은 아예 들으려고 하지 않고 들어도 못 들은 척하고 어른이 먼저 떼를 쓰니까 아이가 고집을 부리는 게 아닌가요. 아이 어른의 떼·고집 차례는 어른이 먼저입니다. 어른의 당치도 않은 고집에 맞서 싸우는 아이의 마지막 힘. 떼! 고집! 아이보다 한 술 더 떠 떼를 쓰고 고집을 부리는 건 어른입니다.

이래서 마주이야기 큰 잔치는 마주이야기 생방송은, 어른은 큰소리로, 그렇지 않으면 몰아세우면서 "너 정말 고

집 피우면서 안 할 거야" 하고, 아이는 속으로 '엄마 정말 그렇게 고집 피우면서 억지로 하랄 거예요?'

여기서 들어 주는 것을 으뜸으로 하는 마주이야기 교육은, 말로 미처 풀어내지 못한 것을 우는 것으로 나타내는 것까지도 들어 주려 했던 것처럼, 떼 쓰고 고집 부리는 것까지도 끝까지 참고 다 들어 줘야 된다는 것을 알 수 있습니다.

■ 준비도 연습도 안 하고 온 종훈이와 아빠

'마주이야기 잔치' 하면 정말 말처럼 쉽게만 느껴집니다. 그래서인지 준비도 연습도 안 하고 그냥 바쁘게 오시는 분들도 있습니다. 마주이야기 발표할 차례가 되자 종훈이가 아버지 손을 잡아 끌며 앞으로 나갔습니다.

아들과 아버지가 잠시 서 있다가 견디다 못한 아버지가 말문을 열었습니다.

"종훈아, 하고 싶은 말 있으면 해 봐."

"……."

"종훈아, 하고 싶은 말 해 봐, 응?"

"……."

"종훈아, 이 발표 끝나고 어디 갈까?"

"……."

"너 서울랜드 가고 싶다 그랬지. 거기 갈까?"

"……."

"종훈아, 너 피자 먹고 싶다고 그랬지, 거기 가자."

"……."

"종훈아, 이 발표 끝나고 그럼 뭐 사 줄까?"

"……."

"종훈아, 갖고 싶은 거 말해 봐. 사 줄께, 응?"

"……아빠! 근데요, 왜요, 여기 오기 전에요, 집에서요, 발로 방문 찼어요?"

듣고 있던 사람들! 종훈이 말을 미처 못 알아 들었는데 아버지 얼굴이 별안간 목까지 빨개졌습니다. 그때서야 사람들이 무슨 말인지 알아차리고 참을 수가 없는지, 웃음바다가 되었습니다. 종훈이가 생각지도 않은 말을 하는 바람에 아버지는 쩔쩔매다가 뾰족한 수가 없다는 듯, 둘러댈 수가 없다는 듯

"아빠가 마주이야기 잔치에 시간 지켜 오려고 차 접촉사고까지 내면서 정신없이 왔는데, 늦게 왔다고 엄마가 화내서 그랬어. 미안해 종훈아, 이젠 안 그럴께."

이렇게 숨막히게 긴장되고 살아 있는 말하기 발표 잔치가 또 어디에 있단 말입니까? 이런 말 저런 말로 입을 열어 보려고 애쓰던 아버지! 종훈이가 그렇게 가고 싶은 데

가 많아서 가자고 졸라도 바빠서 다음에 다음에 하고, 사 달라고 조르고 졸라도 다음에 다음에 하다가, 뭘 그렇게 보는 것마다 사 달래느냐고 야단만 맞았는데, 오늘은 참 이상한 날입니다.

아버지가 사람들 앞에서 별안간 딴 사람이 돼서 '어디 갈까?', '뭐 사 줄까?' 하면서 애원을 하니 말입니다. 그런 아버지가 어디 있단 말입니까?

그러니 종훈이도 얼마나 당황했을까요. 아버지가 딴 사람처럼 딴 아저씨처럼 낯설어 보였을지도 모를 일입니다. 많은 사람들 앞에 서 있는 것만도 낯선데 아버지까지 그러니 종훈이로서는 정말 정신 없었을 텐데도, 시키지도 묻지도 않은 말을 하고 싶어 못 견디고,

"아빠! 근데요, 왜요, 여기 오기 전에요, 집에서요, 발로 방문 찼어요?"

했으니, 아이들은 날마다 어디 가자고 사 달라고 조르는 것만이 다인 줄 알았던 어른들은 정말은, 정말 더 절실한 것은 하고 싶은 말을 하면서 자라고 싶어한다는 것을 알았을 것입니다. 그러니까 종훈이가 좋아할 것 같은 말만 골라서 했어도 그런 아버지 말에 전혀 흔들리지 않고 그게 아니라고 하면서 분명히 하고 싶은 말을 하지 않습니까?

아이들은 다 이렇습니다. 그때그때 일어나는 모든 문제를 온 몸으로 풀어내려고 애씁니다.

어른들은 아이들이 잘못을 했다 하면, 언제나 자세히 하나하나 꼬집어서 말하고, 또 하고 해서 진저리나게 합니다. 듣기 싫어 귀를 틀어막을 정도로 합니다. 이렇게 지나치게 야단치면서 어른들은 자기들 잘못을 쉽게 아무 일도 아닌 듯 그냥 지나치려 듭니다.

그리고 어른들이 저지른 잘못은 감춰진 줄, 어디로 사라진 줄로 알고, 목소리 높여 점잖게 요즘 아이들이 어떠니 저쩌니 합니다. 버릇없고 자기 주장만 강하다고 하면서 몰아세웁니다.

어른들 말과 아이 생각이 다행히 같아서 따르면 괜찮은 것입니다. 그렇지만 생각이 같지 않아서 멈칫멈칫 아주 어렵게 우물쭈물하면서 조심스레 자기 생각을 나타내 보여도 그건 안 됩니다. 그건 요즘 아이들의 쓸데없는 주장이고 반항이고 버릇없는 짓이라고 합니다. 아이들을 이렇게 답답하게 해 놓고도 어른들은 모두의 생각을 골고루 다 받아들였다고 아주 만족해 합니다.

어른들의 잘못은 감춰진 것도 사라진 것도 아닙니다. 더 안타까운 것은 모두 사라진 줄 여겼던 잘못까지도 아이들 마음 저 깊숙이 자리잡고 쌓여 갑니다. 그리고 언제 어디서든지 불쑥불쑥 튀어 나와, 이젠 정말 반항으로밖에 볼 수 없는 지경이 되어 간다는 점입니다. 말해 봤자 들어 주려고도 하지 않고 밑도 끝도 없이 다 너를 위해서라는 말만 들을 건 뻔하니까 아이도 앞뒤 이어지지 않는 말을 얼른 쏟아 놓고는 잔소리 안 들리는 곳으로 얼른 도망가 버립니다. 그러니 어른들 눈에 요즘 아이들은 눈엣가시입니다. 이것도 다 가르치려고만 들고, 들어 주지 않는 데서 온 말벙어리들끼리의 답답한 마주이야기입니다.

그래 놓고도 무슨 일만 터졌다 하면 불효자식이니 패륜 아니 하면서 '자녀와 대화를 해야,' '대화가 안 돼서' 하면서 대화 대화합니다. 신문·잡지·방송에서 대화란 말로 치장을 하고 그때그때 할 일을 다한 듯 잠시 조용해졌다가 또 대화 바람이 불어닥치곤 합니다. 대화! 백날 천날 떠든다고 될 일이 아닙니다.

그것은 어른들이 자기들의 잘못은 좀전에 말한 것처럼 감추거나 어디로 자취도 없이 사라진 줄 알고 입 싹 닦습니다. 그리고 아이들 앞에서 내가 어렸을 때는 어쩌구 저쩌구로부터 시작해서 그 좋은 가훈도 듣기 싫어질 때까지 천 번 만 번 들먹입니다.

또 학교에서는 교훈·급훈·원훈·훈육 하면서 보이는 곳마다 다 써 붙여 놓고도 모자라 귀가 따갑도록 한 말 하고 또 하고 하면서 이쯤 힘들여 가르쳐 놓았으니 잘 자라 주겠지 하지는 않는가요?

어른의 잘못이란 잘못은 다 마음속 깊이 쌓여 있는 아이들입니다. 불만이 슬슬 꿈틀거리며 목까지 차 올라온 것을 참느라 고통스러운 아이들입니다. 어른들도 힘들어 못 한 것을 아이들한테는 참고 견디면서 해 내라고 소리 높입니다. 그러니 아이들이 가르치는 대로 자라겠습니까? 어른들의 바램만 가득 찬 말을 듣다가 견디지 못하고 한 마디 더 듬거리며 간신히 하면 말 같지도 않은 말 하지 말라고 몰아세웁니다. 그렇게 자란 아이들이 무슨 말을 어떻게 조리 있게 할 수 있단 말입니까.

앞뒤 가릴 것 없이 쌓였던 불만이 가득 찬 말을 더해서 한 마디 툭 던지는 수밖에. 그러면 또 어른들 말에 말대꾸한다, 건방지다, 어른들한테 하는 말버릇이 돼먹지 않았다, 가정교육이 어떠니 하면서 어른으로서의 권위가 땅에 떨어졌다느니, 부권 상실이니 하면서 펄펄 뜁니다. 꼭 똥 묻은 개가 겨 묻은 개 나무라듯 합니다. 잘 자라고 있는 아이들인데도 자식은 부모 맘대로 안 된다고들 한탄합니다.

이렇게 생활 속에서는 아주 조금도 자기 주장을 못하게 만들어 놓습니다. 말벙어리가 되게 주눅들여 놓고는 살아가는 데 필요한 모든 것을 해 줄 것을(틀속 공부) 돈을 갖다 바쳐가며 해 달라고 허리띠를 졸라 매는 것은 또 뭡니까. 집에서도 힘들어 못하고 생활 속에도 스며들지 못한 것을 학교 선생님은 무슨 재주로 해 낼 수 있단 말입니까. 이러니 가르치는 대로 안 되는 것이 아이들입니다.

이런 아이들 세상에서 우리 종훈이는 얼마나 귀엽습니까? 할 말 다하고 자라는 종훈이. 아버지가 조금 아까 잘못한 일을 아무도 없는 곳에서 조금 있다 하려고도 하지 않습니다. 마음속에 꺼림칙한 찌꺼기를 잠시라도 넣어둘 수 없다는 듯 여러 사람 앞에서 발표해 깨끗한 마음을 더 깨끗이 청소하고 자라는 종훈이.

마주이야기 잔치 때 종훈이와 아버지가 한 말을 견주어 보면 종훈이 말은 그날 그때 흐름에 딱 맞는 말이고 아버지가 한 말은 그렇지 않습니다. 아버지가 생활 속에서 그렇게 말을 하면서 살지는 않았을 테니까요.

감출 것도 아닌 것을 대단한 것인 양 다 감추고, 또 말했다 해도 알맹이 없는 거짓만 보여 줘 말이 겉돌아 서로가 지치는 요즘 세상입니다. 그런데 감출 것 없이 모든 것 다 내보이며 싱싱하게 삶을 가꾸며 자라는 우리 종훈이는 너도 나도 살맛 나는 세상을 열어 갈 것입니다.

난 아들한테 혼쭐이 나서 정신 없는 아버지에게

"종훈이 아버지! 아들 잘 키우셨어요. 그동안 종훈이 말을 잘 들어 주셨나 봐요. 그러니까 많은 사람들 앞에서도 겉도는 아버지 말을 바로잡고 자기 말로 이끌어 가지요."

종훈이한테는

"종훈아! 니 말 참 재미있게 들었어. 아버지가 시키는 말보다도 종훈이가 하고 싶은 말을 들으니까 정말 재미있더

라. 그러니까 많은 사람들이 '아! 그렇구나' 하면서 다 웃잖아."

마주이야기를 준비하고 연습한 것도 다 아이들 입에서 터져나온 살아 있는 말이고, 종훈이 입에서 터져나온 말도 다 살아 있는 말입니다.

마주이야기 잔치에서는 아이들이 하고 싶은 말만 합니다. 가장 자연스럽게 정말 말하듯이 말을 합니다. 외우지도 않습니다.

이렇게 쉽고 재미있는 살아 있는 '들어 주는 것을 으뜸으로 하는 마주이야기 교육방법'을 보고 들은 원장님과 선생님들은,

"놀랍다. 충격이다" 하면서 시원해 했고 여기저기서 만난 학부모님들은,

"우리 유치원은 이런 마주이야기 안 해요?" 하면서 안타까워했고,

"우리 유치원은 2학기부터 한데요" 하며 다행스러워하기도 하고,

"저는요 《마주이야기》 책 사다가 우리 선생님한테 선물했어요." 하며 우리 아이도 들어 주는 것을 으뜸으로 하는 교육환경 속에서 자랐으면 하는 바램을 나타내 보이기도 했습니다.

5 어머니 아버지에게 보내는
마주이야기 교육안

◎ 알기 쉬운 생활교육안 만들기
◎ 들어주는 것도 쉬운 일 아니네요

알기 쉬운 생활교육안 만들기

유치원은 목요일이 가장 바쁩니다.

다음 주에 할 생활교육안을 금요일날 아이 편에 집으로 보내야 하기 때문에 그렇습니다.

어떻게 하면 유치원에서 이렇게 열심히 하는 만큼을 학부모님께 다 알릴 수 있을까 싶어, 모임에 갔다가도

"생활교육안 써야 돼요"

하면서 모임이 끝나기가 무섭게 유치원으로 달려갑니다.

그런데 그렇게 열심히 준비하고 정성껏 써 보낸 다음 주에 할 생활교육 계획안을 학부모들은 거의가 안 읽고, '알립니다' 난만 본다고들 합니다. 교육은 유치원에서 알아서 하는 거니까 제쳐 놓고, 그때그때 챙겨 줘야 할 준비물이나 급한 소식을 알리는 '알립니다' 난은 아무리 바빠도 훑

어 본다고 합니다.

그럼 아예 '알립니다' 만 써 보낼까? 아니지, 제목부터 '알립니다' 까지 글자 한 자 빼놓지 않고 읽게 할 수는 없을까! 재미있는 짧은 동화처럼, 아니 주말 연속극처럼, 신문 연재 소설처럼 그렇게 쏙 빠져 읽고 다음 주 생활교육 계획안을 기다리게 할 수는 없을까!

욕심을 더 부린다면 우리 아이들까지 그림책 보듯, 밖에 나가 놀다가도 만화영화 할 때는 텔레비전 앞으로 모이듯 그렇게 교육안을 기다리고 들여다 보게 할 수는 없을까?

우리 아이들이 잘 자라도록 도와 주기 위해 정성으로 계획하고 준비한 유치원과 집을 이어주는 교육계획안을 읽지 않는다면 거기에는 분명 그럴 만한 까닭이 있을 것입니다.

말은 들을 사람이 있어야 하는 것처럼 글도 읽을 사람이 읽어 줘야 쓸 맛이 납니다.

그동안 우리나라 유아교육은 여러 학자들이 외국에서 공부한 것을 앞다퉈 수입해 왔습니다. 교육현장교사들은 물불 가릴 새도 없이 교육방법 · 교육내용으로부터 시작해서 교재 · 교구까지 그대로 받아들였습니다. 그러는 사이 우리 말을 버리고 다른 나라 말을 아주 자랑스럽게 쓰기 시작했습니다.

마주이야기 → 언어상호작용,

말한 것 쪽지에 써 보내기 → 언어 전달 카드,

말하기 → 언어 사용,

이렇게 말입니다.

깨끗한 우리 말에다 다른 나라 말을 끼워 넣다 보니 이제 꼭 흥부누더기옷이 돼 버린 꼴입니다. 이런 누더기 꼴을 다음주에 생활교육 할 거라고 학부모들이 읽으라고 하니 뭐가 재미있겠습니까(교육계획안, 가정통신문 쓸 것이 책으로 나와 있음). 거기다가 살아 있는 말로 말하듯이 글을 쓰지 않고 이 책 저 책에서 보고 그럴 듯하게 짜맞춰 죽은 글을 써 놓으니 날마다 하는 말이 그 말이 그 말 같고 그래서 읽을 재미를 잃게 된 것이 아닙니까! 그도 그럴 것이 그냥 '말한다'고 하면 될 우리 깨끗한 말을 '언어 사용'이라고 쓰니 아이들이 학부모님과 멀어질 수밖에 없습니다.

우리 말과 글로 써야 모든 사람과 가까워지는데, 딱딱한 한자말, 일본말 번역투로 쓰니 읽기가 어렵고, 어려우니 멀어지고, 그러니까 읽기 싫고, 이게 될 일입니까? 나는 우리 유치원 교육을 아이들과 학부모님들께 우리 말과 글로 더 잘 알리기 위해 그래서 더 가까워져 하나가 되기 위해, 우리 생활 속에 녹아 있는 말·글을 쓰기로 했습니다.

그렇게 하기 위해 먼저 생활교육안 글을 우리 동네 아이들과 학부모님들이 쓰는 입말로 바꾸기로 했습니다. 그것은 말하듯이 말을 하고, 말하듯이 글을 쓰고, 말하듯이 글을 읽자는 자연스런 흐름에 따르자는 것입니다. 이오덕 선생님의 《우리 문장 쓰기》(한길사)를 읽어 보면 쉽게 알 수 있을 것입니다.

그렇게 하기 위해 먼저 글을 우리 동네 학부모님들이 쓰는 입말로 바꾸기로 했습니다.

공공 놀이터에 아이들이 한 마당 가득 놀고 있는데 지나가던 사람들이

"아유 애들 많이 놀고 있네. 오늘 무슨 날인데 이렇게 많은 애들이 있을까? 아니, 왠 애들이 이렇게 많지?" 하지

"아유 유아들 많이 놀고 있네" 그러지도 않겠거니와

"아유 어린이들 많이 놀고 있네" 하지도 않는다는 말입니다.

■ 우리 나이로

제일 먼저 쓰는 유치반·유아반·영아반, 이렇게 나이를 알리는 말을 우리 나이로 일곱 살 반, 여섯 살 반, 다섯 살 반으로 고쳐 썼습니다.

왜냐면 교육현장에서 살아온 나도 유치반과 유아반은 헷갈립니다. 유치원 아이들은 다 '유아들'이라고 부르기도 하는데, 유아반 아이들을 부르는 것 같고, 유치반은 그러면 '유치들' 그래야 하는데, 그렇지는 않고…… 영아반은 또

유치반 유아반 아이들보다 나이가 어린 반인 것은 알겠는데, 학부모님들이 알아 듣기에는 두 번 세 번 물어야만 몇 살 반인지 알게 되어 있어 쉽고 분명하게 우리 나이로 썼습니다. 이렇게 말입니다. 일곱 살 반, 여섯 살 반, 다섯 살 반, 네 살 반. 여기서 우리 나이로 쓰는 것은 우리 동네 아이들의 입말에 따른 것입니다.

아이들한테 "몇 살?" 하고 물어보십시오. 틀림없이 우리 나이로 대답할 것입니다. 네 살짜리는 엄지 하나를 꼬부리고 나머지 손가락 네 개를 쫙 펴고 "네 살" 할 것이고, 다섯 살짜리는 손을 쫙 펴고 "다섯 살" 할 것이고, "여섯 살" "일곱 살" 합니다.

단 한 명도 "만 다섯 살이에요" "사년 오개월 됐어요" 하면서 어려운 대답을 하는 아이는 없습니다. 그렇게 어려운 말과 수를 알지 못하니 할 리도 없습니다. 그래서 어른들이 쓰는 말 때문에 아이들은 처음부터 수는 어려운 것, 헷갈리는 것이라는 틀 속으로 들어갑니다.

이렇게 저렇게 오염된 어른들만이 "만 다섯 살이에요." "3년 7개월이에요." 해서 아이들과 우리 나이를 세는 나는 '그럼 우리나라 나이로 몇 살인가?' 하고 혼자 말하듯 다시 묻게 됩니다. 그것도 어려우면 생년월일까지 묻고, 그것도 또 잘못 되면 여섯 살이 일곱 살 반으로 들어가는 어이없는 일이 가끔 벌어지기도 합니다.

다른 나라 나이로는 만 다섯 살은 엄마 뱃속 나이까지 쳐주는 우리나라 나이로 일곱 살인데, 그러면 한 살도 아닌 두 살이나 차이가 납니다. 신문·방송에 나오는 나이를 읽어 봐도 말하는 사람과 듣는 사람 생각 차이로 나이가 줄었다 늘었다 합니다. 똑같은 사람인데도 말입니다.

3년 7개월은 또 뭡니까?

우리나라 식으로 말한다면 돌 때까지 아기들이 빠르게 자라니까 잘 자라고 있나를 알기 위해 삼칠일 됐어요, 백일 됐어요, 6개월 됐어요, 8개월 됐어요 하지, 누가 그렇게 큰 아이를 '○년 ○개월 됐어요' 해서 쉬운 것도 어렵게 만들까.

관청에서 내려오는 공문 원아현황에도 일곱 살 아이를 쓸 칸이 없어 쩔쩔 맵니다. 두 살이나 적은 다섯 살 칸에 쓰면서 왠지 모르게 답답했습니다.

이렇게 나이를 먹지 않으려고 안간힘을 하는 것도 다 말을 잘 할 줄 모르는 말벙어리들이 "나이 값도 못하고 쯧쯧쯧" "도대체 너 몇 살이냐?" 이러면서 나이를 들먹이며 부담을 줘서 그런 것이 아닙니까.

세계화 시대에 오염되지 않고 깨끗한 우리 아이들이 쓰는 우리 나이를 쓰는 것이 마땅하다고 생각되어 항상 꺼림칙했던 문제를 시원하게 털어 놓았습니다. 나도 나이 먹는 게 싫습니다. 그렇다고 나이를 붙들어 매어 놓을 수는

없지 않습니까? 아이들처럼 깨끗하고 맑은 마음으로 살고
싶으면 우리 나이를 먹읍시다.

세계화 시대에 우리 나이를 먹으면 처음부터 손해 보는 기
분이 된다고들 하지만 그것도 다 우리 것을 업신여기는 떳떳
치 못한 자신 없는 생각에서 나온 것입니다. 세계화 시대에
는 반만 년 동안 써 온 뿌리 깊은 우리 나이를 씁시다. 그래
야 흔들리지 않고 세계화 시대에 살아 남을 수 있습니다.

■ 언어? 인지? 정서?

다음은 교육과정.

집에서 동네에서 아이 어른 누구든지 쉽게 말하고 알아
듣는 국어 · 산수 · 사회 · 자연 · 음악 · 미술 · 체육으로 하
고 있습니다. 분명한 까닭이 있어 이렇게 갈래지어 놓은
것을 같은 유아교육자들이 보고는 어벙하게 생긴 내 모습
을 보며

"저이는 아마 유아교육의 '유' 자도 모르는 사람인가
봐."

하면서 유식병에 심하게 걸려 수군댔습니다.

5개 영역도 모르느냐, 그러니까 학부모들이 유치원인지
학원인지 구분을 못하는 게 아니냐면서 걱정을 했습니다.
지난해 5차 교육과정으로 바뀌어 다시 언어생활 · 사회생

활·탐구생활·건강생활·정서생활 하면서 갈래말이 바뀌었을 때도 굳이 바꿀 필요를 느끼지 못했습니다.

우리 유치원에서 쓰고 있는 갈래말보다 더 쉬운 말이면 바꿀 수도 있겠지만……. 그래서 지금도 국어·산수·사회·자연·음악·미술·체육입니다.

■ 교육안 대청소

나는 마주이야기 생활교육안이라고 머리글자에 '마주이야기'라는 우리 말을 덧붙여 써 놓고부터는 선생님들과 함께 교육안을 처음부터 끝까지 샅샅이 살피며 우리 말을 잡아먹은 다른 나라 말은 버리고, 우리 생활에서 쫓아냈던 깨끗한 우리 말을 찾아내 제자리를 찾아 주고 있습니다.

그렇게 하다 보니 아예 한 문장을 다 바꿀 때도 있습니다.

언어상호작용 → 마주이야기
실외활동시 → 바깥놀이할 때
적목 → 나무토막 쌓기
소꿉영역 → 소꿉놀이하는 곳
대변 → 똥
소변 → 오줌
친구들 → 동무들

이렇게 우리가 쓰는 입말, 깨끗한 우리 말로 고쳐 놓고 보면 꼭 글자들이 맑은 냇물에 씻은 것처럼 더 깨끗해 보이고 뜻이 살아나서 잘 이어지고 매끄럽습니다.

처음부터 끝까지 어우러짐이 하나로 되어 보고 읽기가 쉬워집니다. 교육안 대청소를 끝낸 듯합니다. 깨끗해진 교육안을 보고 또 보고 합니다. 이제는 글자를 아는 우리 아이들도 쉽고 재미있게 읽을 수 있겠지요. 글자를 몰라도 어머니들이 읽어 주면 알아 듣기 쉽겠지요.

■ 아이들 말 쓰는 곳

다음은 학부모님들이 가장 알고 싶어 하는 '우리 아이가 유치원에서 어떻게 생활하고 있나' 알려 주는 아이들 말 쓰는 자리를 새로 만들었습니다.

학부모들이 아이들 말을 제일 먼저 읽을 수 있게 자리를 마련했다는 것입니다.

그리고는 한 반에 한두 명씩 유치원에서 동무들과 말한 것, 선생님과 말한 것을 써 보냈습니다.

해님반 윤형준 – 동무들에게
호루라기 없이 입으로 그냥 호루라기 부는 거 가르쳐 줘? 그게 휘파람이야.

달님반 조재우 – 선생님께
우리 엄마는 '여보' 소리는 안 하고 '재우 아빠 재우 아빠'만 하고, 또 아빠는 나도 헷갈리게 '재우야, 재우야' 하면서 엄마를 불러요.

별님반 김세현 – 동무에게
멍청이 눈에는 멍청이밖에 안 보여.

샛별반 이민화 – 선생님께
우리 아빠는 다 나았는데, 또 아파서 강남성모병원에 입원하셨어요. 그래서 정화랑 나랑 이모네두 있다가 피아노에두 있다가 친구네 집에두 있다가 그래요.

병아리반 이수정 – 채유미한테
(유미가 유치원 차에서 선생님 무릎에 앉아 있는 것을 보고) 나 쟤 미워. 맨날 선생님 무릎에만 앉아 있고.

학부모들은 아이의 유치원생활이 궁금해서 못 견뎌 합니다. 정말 얼마나 알고 싶을까요? 그래서 유치원 안이나 밖

에서 만나면

"우리 애 어때요."

하고 선생님 입에서 어떤 말이 나올까 긴장하고 기다립니다. 그때

"잘해요. 걱정하지 마세요."

하는 대답을 할 때가 있는데, 그건 아이에 대해 모르는 교사나, 가르치려만 드는 교사가 하는 겉도는 말입니다.

김수진이가 추석 지나고 다음날 오더니, 치마를 가리키며

"이거 치마 아니에요. 드레스예요. 엄마가 사 줬어요. 남대문시장에서요. 3천 원 줬어요."

하는 말을 나한테 하길래 참 부러워하는 눈빛을 보냈는데, 다음날 아버지 어머니가 수진이를 데리러 오셨습니다. 그 바쁜 시간에도 나는 수진이가 한 말을 들려 드렸더니,

"우리 수진이가 원장님한테도 하고 싶은 말을 하는구나."

하면서 무척 좋아했습니다. 수진이도 좋아하고……. 다음에도 아버지가 출근길에 수진이를 데리고 오면

"수진이 드레스 안 입고 왔네."

"수진이 오늘은 드레스 입고 왔네."

"수진이 이 치마는 그때 입은 드레스보다 더 이쁘네."

하면서 드레스 얘기만 계속해도 그렇게 좋아할 수가 없습니다. 말은 소리만 전하는 것이 아니고 그 말 속에는 아이

의 생각과 느낌, 경험, 희망까지도 가득 들어 있으니까, 같은 말을 되풀이해도 마냥 좋은가 봅니다.

수진이 드레스, 그 드레스를 사 달라고 조른 일부터 시작해서 그 드레스를 입고 말한 것, 다음날 드레스 입고 싶어 일찍 일어나 스스로 세수하고 크림 바른 일, 질질 끌면서 유치원 입고 가겠다고 조른 일, 이렇게 수진이 드레스 속에는 내가 아는 것보다 더 많은 이야기가 가득 들어 있을 테니까요.

이러니 교육안에 아이들 말이 나가기 시작하니까 글자를 아는 녀석들은 교육안을 펴보고 누구 말 나왔다고 소리치고, 글자를 모르면 읽어 달라고 매달리고, 놀이터에서도 둥글게 앉아 있어 '개미 살펴 보나' 하고 가 보면 띄엄띄엄 자기 말을 읽어 주고 있습니다.

■ 살아나는 교육안

미성이 어머니가 쓴 마주이야기 공책을 읽어 보았습니다.

미 성 : 엄마 엄마. 이제 나왔어. 내 말 나왔어.
어머니 : 정말, 어디 보자.
미 성 : 엄마, 이제 됐지? 나한테 이제 서운하다
       고 하지 마, 알았지?

이 글을 읽고 미성이와 어머니가 얼마나 미성이 말이 교육안에 나오기를 기다렸는지를 알 수 있었습니다.

지난 1학기가 끝나갈 무렵에 오선생님이 달려 와 전화 좀 받아 달라고 했습니다. 무슨 일이냐고 물었더니, 승혜 아버지가 교육안에 승혜 말은 왜 안 나오느냐고 화가 잔뜩 나 따지신다고 했습니다.

수화기를 들었더니

"조승혜 아빤데요. 아니 우리 승혜는 유치원에서 말을 안 합니까? 매주 교육안을 몇 달째 읽어도 우리 승혜 말은 안 나오니 말입니다."

나는 우리 교육안을 열심히 읽어 주신 승혜 아버지한테 고맙다는 말과 함께 승혜는 담임 선생님하고 있기보다는 동무들과 어울려 여러 반을 두루 돌아다니면서 활동해 선생님이 미처 승혜 말을 챙기지 못했나 보다고 사과하며, 앞으로도 아이들 말을 읽으시면서 기다려 달라고 말씀드렸습니다.

밝고 귀여운 승혜는 자기 반뿐만 아니라 유치원 구석구석을 다 다니며 놉니다. 모이는 시간 말고는 담임 눈에 띄지도 않는다고 합니다.

이렇게 잘 키운 외동딸이 유치원에서 하는 말이 듣고 싶어 승혜 아버지는 앞으로도 교육안을 열심히 읽으시겠고, 선생님들은 이렇게 살아나는 교육안을 신기해 하면서 하는 일이 힘들어도 생기가 넘칩니다. 왜 밤을 새며 해도 재미난 일이 있고 힘이 안 드는 일도 하기 싫은 일이 있지 않습니까?

또 어제 아침 민화를 만났을 때, 저번 교육안에서

"우리 아빠 다 나았는데 또 아파서 강남성모병원에 입원했어요. 그래서 정화랑 나랑 이모네두 있다가 피아노에두 있다가 친구네 집에두 있다가 그래요."

하는 말이 실렸던 것이 생각났습니다. 걱정이 되어

"민화야. 오늘은 유치원 끝나고 어디로 가?"

하니까,

"오늘은 피아노로 가요. 피아노에서요, 엄마가 싸 준 김밥 먹을 거예요. 여기 가방에 김밥 있어요."

하는 것이었습니다. 그래서 오늘은 쌍둥이 민화·정화가 피아노로 가는구나 하고 있는데, 점심때쯤 어머니한테서 전화가 왔습니다. 오늘은 집으로 보내 달라고 하였습니다. 어머니 말이 끝나자 나는 민화 교육안 말과 오늘 아침 말을 했더니 그렇게 자세히 알고 있는 것에 무척 고마워했습니다. 오늘은 민화가 또 와서

"원장님, 우리 아빠한테요, 교육안에 나온 내 말 보여 드렸어요."

하고 자랑합니다. 그 자랑 속에는 '유치원에서 내 말 잘 들어 주시고요, 또 글로 써 주셔서요, 아픈 아빠한테 보여드

렸더니요, 아빠가 좋아하셨어요. 고마워요' 하는 말이 가득 들어 있었습니다. 집으로 보내는 마주이야기 생활교육안이 아이들과 부모님·유치원·선생님을 이어주는 단단한 고리가 되어 가고 있는 것이 고맙기만 합니다.

들어 주는 것도 쉬운 일 아니네요

그런데 마주이야기 지도자과정에서 흠뻑 빠져든 상계동 원장님이

"아유, 아이들 말 들어 주는 거 쉬운 일 아니더라구요. 아이들 보살펴야지, 곧바로 써야지……."

하면서 언제 어떻게 그런 걸 다 하느냐는 듯 나를 바라보았습니다. 그렇습니다. 참 힘듭니다.

나도 지난 금요일 아침에 전날 써 놓은 교육안 '알립니다'난 행사 날짜 시간을 고치고 있는데, 양승현이 옆에 와서 자꾸 말을 시켰습니다.

복사하기 전에 잘 고쳐서 어린이 편에 보내야지, 그렇지 않으면 두 배 세 배 힘들어지니까요. 달력 보고 확인하고, 또 시간도 손으로 짚어 가며 고치고 몇 자 쓴 글도 다시 읽

어 보고, 선생님한테도 돌려가며 읽도록 했습니다. 왜냐하면 우리는 날마다 유치원 속에서 살고 있고 이미 어떤 행사를 어떻게 치를 것인가에 대해 서로 의논하여 알기 때문에 글을 금방 이해하는데, 학부모님들은 다르게 받아들여 가끔 서로 고생할 때가 있기 때문입니다.

숨막히도록 바쁘게 그 일을 하고 있는데, 양승현이 자꾸 말을 합니다. 그렇지만 들어 줄 시간이 없어서

"양승현, 미안해. 내가 이따 집으로 전화할께. 그때 얘기하자 응."

하면서 애원을 했습니다.

그런데 월요일 아침 승현이를 보자마자 전화 약속을 못 지킨 것이 생각났지만 그때도 또 바빠서 미안하다는 말도 못하고 몸을 움추리고 정말 미안해 죽겠다는 몸짓만을 하고 다녔습니다.

그렇습니다. 이렇게 유아교육 현장은 숨 돌릴 새도 없이 바쁩니다. 그렇게 한가하게 아이의 말을 들어 주고, 거기다가 쓰고 할 시간까지는 없습니다. 순간순간 일어나는 크고 작은 어려운 일들이, 당장 풀어야 할 문제들이 얼마나 많은지 모릅니다.

내가 양승현의 말을 못 들어 주고, 전화 약속도 못 지키고, 또 미안하다는 말도 못하고, 미안하다는 몸짓만이라도 할 수 있었던 것은 그래도 들어 주는 것을 으뜸자리에 놓

고 유치원 생활을 하는 것이 온 몸에 깊이 스며들어서 그렇게 될 수 있었다고 봅니다.

그렇지 않으면 "선생님 지금 바빠!" 하던가, "넌 무슨 말이 그렇게 많냐" 하면서 아이의 입을 아예 닫아 버리게 하는 말을 아무 거리낌 없이 뱉어냈을지도 모르지 않습니까. 열심히 가르친 것만으로 할 일을 다한 듯이 말입니다.

■ 살아 있는 어린이 말을 들으려면 선생님 책상을 교실 들머리로

혜민이가 울면서 할아버지 손에 이끌려 왔습니다. 얼른 달려가

"무슨 일 있었어?"

하고 물어도, 대답도 안 하고 울기만 했습니다. 할아버지한테서 혜민이 손을 넘겨 받아 혜민이 반인 다섯 살 반으로 데리고 가니 선생님은 저쪽 책상에 앉아 뭔가를 열심히 오리느라 교실 문간에서 어떤 일이 벌어지는지조차 모르고 있습니다.

울면서 들어온 혜민이를 맞아 줄 교실 모습이 이러면 되겠습니까? 기다리고 기다려도 선생님은 이쪽에는 관심도 없습니다. 필요한 물건들이 다 선생님 책상 안에 있기 때문에 선생님은 책상을 중심으로 맴돌고 책상 곁을 떠나기가 어렵습니다. 그런데 어느 유치원이건 선생님 책상

은 교실 들머리에서 가장 멀리 떨어진 곳, 밝고 따뜻하고 아늑한 곳에 자리잡고 있습니다. 그래서 어찌보면 선생님이 아이들을 피하는 꼴이 되어 아이들은 선생님을 아주 멀게만 느끼게 됩니다. 아이들은 아침에 할 말이 많습니다. 아침 맞이하는 시간 만큼은 책상을 들머리로 옮겨(바퀴 달린 책상이면 움직이기 쉽습니다) '아까부터 나는 너를 기다리고 있었다'는 듯이 한 명 한 명 반갑게 맞이하며 기분과 건강을 살핍니다. 자칫 잘못하면 열린 교실, 열린 교실 하면서 아동 중심 교육이 아닌 교구 중심 교육으로 잘못 흐를 정도로 교사들이 교구를 만들고 정리하고 찾아다 놓고 닦고 쓰다듬고 하다가 힘을 다 빼고, 아이들은 저만치 버려두는 교실이 되어 가지는 않는지요? 어디까지나 아이들이 중심이 되는 교실로 가꿔야 합니다.

■ 교사는 어디까지나 구경꾼

살아 있는 마주이야기 유치원 교사는 가르치려 들기보다는 귀를 활짝 열어 어린이들이 하는 말은 물론이고, 말로 나타내지 못하는 속말까지도 재미있게 들어 주는 수준높은 구경꾼 자리를 지켜야 합니다.

교육의 질은 교사의 수준을 넘어서지 못한다는 말을 우리 교사들은 귀가 따갑도록 들었을 것입니다.

그렇습니다. 그러니까 우리는 아이들을 우리 자리 밑에서 머물게 하지 않도록 하기 위해서도 자리를 비켜 줘야 합니다. 섣불리 가르치는 자리에서 아이들이 자라는 데 방해물이 되어 이리도 못 가고 저리도 못 가고 성가시게 하지 말고 들어 주는 교육으로 보살피는 자리에서 뒷바라지를 하자는 말입니다.

■ 교육안에는 아이들 그림을

아이 말을 중심으로 다음 주 생활교육 계획을 하는 유치원에서는 집으로 보내는 교육안에도 아이의 살아 있는 그림을 보기좋게 넣어 교육안이 살아나도록 합시다. 도안책에서 찾은 그림이 교육안 빈칸을 차지하는데, 그건 안 될 일입니다. 아이들 그림으로 채워져야 합니다. 이렇게 해서 교육안도 아이들 세상이 되어야 합니다. 살아 있는 아이들 말·글·그림으로 교육안을 살려야 합니다.